TRAVELING
BOOKS

西書東藏

中国文化名家的外文藏书

刘铮 著

上海文艺出版社
Shanghai Literature & Art Publishing House

前言

《西书东藏：中国文化名家的外文藏书》记述的是中国现代三十七位著名学者、作家、文化人曾经读过、收藏过的西文书，而这些书后来又都成为我的收藏。像这样的一本书，以前中国还未有过。如果要勉强类比的话，它在性质上与韦力《芷兰斋书跋》系列有相似的地方：《芷兰斋书跋》专写韦力收藏的有名家题跋、批校的古籍，而《西书东藏》专写我收藏的有名家题识、签名或印鉴的西文书。不过，在中国，对古籍的研究、书写自来多矣，而对近代以来境内流传的外文书的研究专著却还一本都没有。

西文，在本书中指英文、法文、德文、拉丁文、古希腊文等。选取人物的标准，除了必然受到我的收藏本身丰俭宽狭的制约，主要出于这样一种考量：我想写的是在 1912 至 1949 年这一时段中有过重要经历的一批知识分子。书中第一个人物颜惠庆，1912 年时 35 岁，被擢升为外交部次长；书中最后一个人物夏志清，1949 年时 28 岁，正在美国耶鲁大学攻读博士学位。比夏志清年龄更小的一代人，大多数在民国时期心性尚未成熟底定，故为我所不取。

在写法上，《西书东藏》采取"书话"的方式，不故作高深；着重事实的讲述，谨守实证的边界，不做理论的推阐。我以为，在一类学问的研讨之初，材料的积累和甄别工作是最紧要的，至于发挥与拔高，不妨留给踵继者。

一

现代中国战乱、变动频仍，民众保存文献图籍的意识也较淡漠，得到相对完整保存的私人藏书少之又少，因而针对具体人物的藏书进行研究难度很大。若不将藏书家们有心纂辑的藏书志计算在内，现代著名的文人学者中，只有梁启超、鲁迅、胡适等寥寥几位在身后有藏书目录的出版。在考察名家西文藏书方面，近些年做了最切实工作的，当数周运的长文《知堂藏书聚散考》以及其所著《乘雁集》中的其他几篇同类文字。此外如徐亚娟《国家图书馆藏褐木庐藏书珍本举要》（收入《文津学志》第四辑，国家图书馆出版社2011年11月版）、马鸣谦《施蛰存外文藏书摭谈》（《澎湃新闻·上海书评》2020年10月10日）等亦有价值，而像冯佳在其专著中对何其芳的西文藏书进行了分类统计却未详加描述，则不免让人引为遗憾（《中国近现代作家与藏书文化》，中国传媒大学出版社 2019 年 9 月版）。总的来看，对名家西文藏书的研究是稀少而相对薄弱的，或许也因为学术界对此类研究的价值未必推崇。

《西书东藏》中谈到的书，有不少是只有名家钤印而无题识的，传统的版本目录学家对这样的书通常不屑一顾，除非是黄荛圃之流的旧藏。晚近风气稍稍起了变化，一些图书馆的著录也开始留心藏印的细节。我的见解或与许多人不同：在我看来，未来恐怕只有书上留有阅读者痕迹的书才值得收藏。而那些既没有题识、批注，又没有钤印、签名的书，哪怕印量不多，存世有限，也不值得普通人费心搜求庋藏了。这是因为数字技术正在使图书内容层面的复制变得愈来愈容易，一本有阅读价值的书，借助方便的复制手段，可化身千万，由稀缺变得不再稀缺。本身贵重的书，其物质形态存贮于图书馆或文献机构就够了，其电子化身则将通过网络飞入寻常百姓家。而人留下的痕迹，才是使一本书变得有个性、变得独一无二、变得富于意味的真正的决定因素。随着搜集、收藏和相关书写的展开，我的这一认识逐渐明晰起来、稳固下来。

现今的史学领域和文学领域都有学者从事"阅读史"的研究，这些研究往往只以文人学者自己的著作、文章、信札或日记为主要史料，却极少能落实到"实物研究"的层面上。没研究过实物，想真切地把握实态是困难的。我以为，只有对那些真的为读者所翻阅的书进行考察，才能窥见阅读的真相。让我们选取《西书东藏》里的两个例子来说明：汪荣宝藏卢梭《忏悔录》，很多书页书口未裁开；赵萝蕤藏瓦莱里《杂俎五集》正文从第二页起即未裁，巴尔扎克《贝姨》也只裁到第33页。二战以前法文书普遍采用的这种毛边形态，像一段记录读者阅读真实进程的监控录像。我们不能下判断说，一本书已裁的部分裁书人就一定读过，但我们完全有把握说，一本书未裁的部分裁书人一定没读过。由此，我们通过实物考察，得出了如下结论：汪荣宝、赵萝蕤未能认真阅读他们的藏书。试想，假若汪荣宝曾在日记里记下购《忏悔录》一事，假若赵萝蕤有记书账的习惯，而其中就有《杂俎五集》和《贝姨》的记录，那会不会便有研究者以为他们真读过这些书，并由此出发，对他们的观念形成与思想构造展开论说？"实物研究"，可以让研究者避免上述的这类尴尬，还可以让他们看到仅靠文字记述绝想象不出的具体阅读场景。《西书东藏》以图文并重的形式展现了洪业、周一良、王锺翰等学者学习外语、研读语言学著作时的孜孜矻矻，尤其是周一良读《语言及诸语言》，画线、批注之多，令人叹为观止：全书总页数为436页，其中354页有周一良的画线、批注。实物带来的震撼，远远超过语言叙述所能起到的作用，我相信，只要读者看过书中展示的有限的几张图片，便很难无动于衷。真正的阅读史，就存在于从未裁开的书页与密密麻麻的批注的张力中。

二

在中国做西学的"阅读史"研究，一项重要任务就是考察某一时代的阅读风气，包括哪些西文书是中国读者曾接触过的，又有哪些书是流传甚广、读者甚众的。

我在此举一个书中未述及的例子。比如，你要考察蒙森（Theodor Mommsen）的名著《罗马史》（*Römische Geschichte*）在民国时期的接受史，在各类报刊数据库里更换关键词反复检索，也未必能得到几笔资料。2023年9月，我得到一部1927年柏林印的德文版《罗马史》第五卷，在书名页左下角钤一长方形朱文篆印——"梁颖文赵懋华藏书之印"。赵懋华女士，现在知道的人已不多了，她是北京大学最早的九名女生之一，后往德国深造，获柏林大学哲学博士学位。其德文的博士论文《叔本华学派的伦理学》曾获贺麟先生赞许。1934年贺麟撰长文《从叔本华到尼采》专门评介此书。赵女士的丈夫梁颖文曾任国民政府行政院副秘书长、财政部次长。书名页右上角的签名当是赵懋华女士留下的。这对履历不凡、学养殊深的夫妇购藏的《罗马史》，是不是

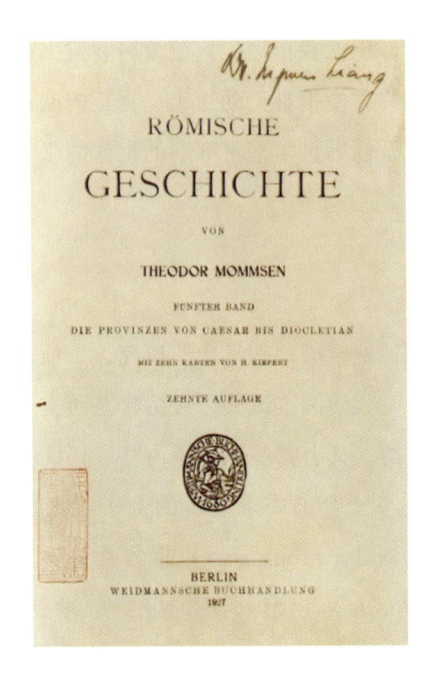

中国的蒙森接受史上一个强有力的音符呢？

同一种西文书，有多人读过，这一现象在我的收藏中亦有所体现。比如，《西书东藏》里写了周作人旧藏的1903年版《节本希英字典》，后来我买到过1899年版，为哲学史家石峻旧藏。在网上还见过1892年版，为翻译家王智量旧藏。说明这部小型的希腊文字典很受中国知识分子的欢迎。

我曾在2017年3月发表的《另一种"知识的考掘"——丙申所得名家旧藏外文书小记》中提出，对

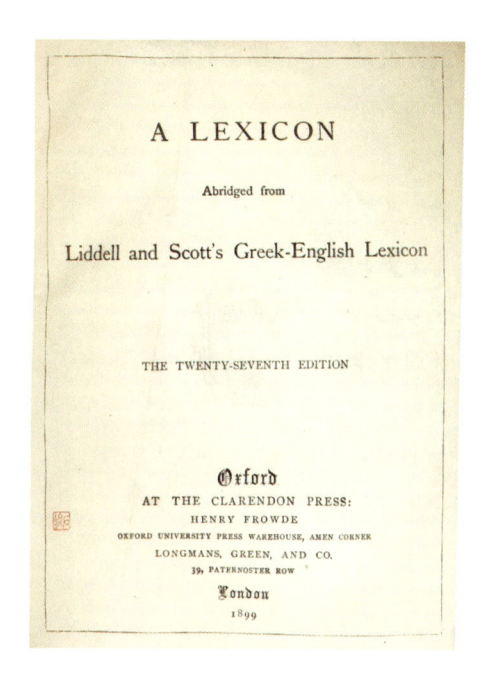

> A LEXICON
>
> Abridged from
>
> Liddell and Scott's Greek-English Lexicon
>
> THE TWENTY-SEVENTH EDITION
>
> Oxford
> AT THE CLARENDON PRESS:
> HENRY FROWDE
> OXFORD UNIVERSITY PRESS WAREHOUSE, AMEN CORNER
> LONGMANS, GREEN, AND CO.
> 39, PATERNOSTER ROW
> London
> 1899

西文书在中国的传布进行研究,实有思想史的意义:"往大里说,我觉得这有点像是一种最边缘的思想史的工作,让我们留意到这些名家曾读过什么、有怎样的视野。或者说,这是另一个层面上的'知识的考掘'(l'archéologie du savoir),挖掘思想、观念、知识的矿脉、水脉,一直挖到最细末的支脉里去。"这里借用了福柯《知识考古学》的概念。我相信《西书东藏》提供的材料将有助于读者进一步做这方面的知识掘进。

考察《西书东藏》述及的几十种西文书的购买及阅

读地点，或许就是一个有趣也有启发性的题目。让我们先看看下面的名单：

  美国麻省剑桥：唐钺　浦薛凤　周一良　王锺翰
  美国俄亥俄州特拉华：洪业
  美国芝加哥：赵萝蕤
  英国牛津：向达
  德国波恩：姚从吾
  奥地利维也纳：李一氓
  瑞士日内瓦：乔冠华
  印度孟买：杨刚

  这个名单只列出了部分明确可考的国外购书地点和相应的购书者，但仅仅是这样简单的罗列，就已经在我们面前展开了一种书籍文化的拓扑结构、一份全球知识流动的地形图。

  如着眼于阅读者的身份，我们也可以做一些时间维度上的比较。如《西书东藏》开篇的两个人，颜惠庆、汪荣宝，他们是从晚清跨到民国的外交界人物；而后面写到的李一氓、乔冠华，则属于中华人民共和国成立后的红色外交家。比较这两组人在选书、阅读上的趣味差异，无疑是有意思的。李一氓在维也纳大搜马、恩著作的初版本，乔冠华在日内瓦第三次读马、恩书信选集，这样的爱好，恐非颜人骏、汪袭父辈所能解。

三

翁贝托·艾柯曾在书中引用意大利批评家马里奥·普拉兹之语。普拉兹说书迷在读古书书目的时候所体会到的乐趣就像在读侦探小说一样。他说："我向你们保证，没有任何一种阅读会比阅读有趣的书目更能触发你敏捷的思维，并带给你更多的感动。"（《植物的记忆与藏书乐》，译林出版社 2014 年 8 月版）不可否认，我在旧书网站上一页一页地往后翻看时，也常能体会到普拉兹说的那种乐趣。

有一些小小的秘密，是那些不肯在旧书上倾注大量时间的人不可能发现的。比如我有一个在浏览图书信息时一直坚持的习惯，即看照片一定看到最后一张，不可偷懒、只匆匆扫过几眼便关页面。书中写到的张申府旧藏，便是一方特别小的小印盖在书正文最后一页的角落里。还有书中未写的孙用旧藏，也是如此。你要是没坚持看到最后一张图片，就不会知晓其中奥妙。

还有一类发现，是经验和运气综合作用的结果。如购姚从吾旧藏《雅各布·格林传》，图片中展示了书的外观，我从书脊所贴标签即知这是姚氏藏书，因为他的大批藏书均贴有同样的标签，若无相当之经验，是无从了解的。但也只有到了手捧远方寄来的书，揭开护封的那一刻，我才看到书前一角、被护封遮住的位置有姚从吾的题识。它是商家提供的图片里未展示的。这就是运气了——虽然在我淘书的二三十年里，像这样的运气也并不算很少。

事实上，更像业余侦探的地方在于，你须有提防作伪的意识和识破作伪的本事。像其他所有签名本一样，在西文书上随便仿写签名或者盖上伪造印章，成本很低，识别的难度有时却颇大。在这方面，我一般总是抱持十二分审慎态度，对明确标示旧藏者并悬高价者，我常是"宁信其伪，不信其真"的。旧书网上曾发生过有影响的胡乱钤盖张政烺印以冒充其旧藏的事件。前两年我也发现了以伪刻得颇能乱真的冯友兰、叶恭绰印盖在外文书上的店家，其事之荒唐在于，那批书是他刚从旧书网上参拍得来的，上拍时书上尚无钤印，到了那家店里，忽多出印来。这就不免使了解那批书来历的我不禁摇头苦笑。当然，"辨伪学"是门颇不一般的学问，我不敢说自己有什么造诣，总还是时时有如履薄冰的心态为好罢。

若单从书本身是否名贵着眼，《西书东藏》里记述的书或许都是不值一提的、很普通的书，绝无善本。但若从书背后的故事以及书所体现的文化意味着眼，则我并不觉得这些书是不值一写的。说起来，我起意撰集

《西书东藏》，完全是因为我每每感到自己受惠于这些书，想要报答；还有就是，我知道了它们往往并不平凡的身世遭际，总觉得不把这些故事讲出来，这些书便等于明珠暗投了。现在，写完了这本书，我对这个世界的亏欠似乎也少了一点点，为此，我感觉到一丝轻松。

博尔赫斯曾写道："一本书不过是万物中的一物，是存在于这个与之毫不相干的世上的所有书籍中平平常常的一册，直至找到了它的读者，找到那个能领悟其象征意义的人。于是便产生了那种被称为美的奇特的激情，这是心理学和修辞学都无法破译的那种美丽的神秘。"（《私人藏书：序言集》，上海译文出版社2015年6月版）有很多书，在我这个读者这儿找到了归宿。但愿《西书东藏》也能找到它的读者，并在他们胸中激起奇特的激情。

目 录

i 前 言

001 颜惠庆（1877—1950）

009 汪荣宝（1878—1933）

012 周作人（1885—1967）

018 周越然（1885—1962）

025 王云五（1888—1979）

035 梅贻琦（1889—1962）

042 唐 钺（1891—1987）

046 毛子水（1893—1988）

056 张申府（1893—1986）

062 梁漱溟（1893—1988）

068 洪 业（1893—1980）

075 吴 宓（1894—1978）

094 姚从吾（1894—1970）

105 章伯钧（1895—1969）

108 徐志摩（1897—1931）

117 浦薛凤（1900—1997）

121　　向　达（1900—1966）

126　　李安宅（1900—1985）

135　　张若名（1902—1958）

141　　于赓虞（1902—1963）

145　　张世禄（1902—1991）

153　　李一氓（1903—1990）

158　　钱歌川（1903—1990）

162　　梁宗岱（1903—1983）

167　　杨　刚（1905—1957）

177　　叶灵凤（1905—1975）

184　　施蛰存（1905—2003）

188　　沈宝基（1908—2002）

197　　邵循正（1909—1973）

202　　萧　乾（1910—1999）

207　　钱锺书（1910—1998）

232　　赵萝蕤（1912—1998）

243　　周一良（1913—2001）

251　　乔冠华（1913—1983）

255　　王锺翰（1913—2007）

262　　夏济安（1916—1965）

273　　夏志清（1921—2013）

287　　后　记

颜惠庆

北洋政府里，爱读外文书的外交家颇不少，如陆徵祥、颜惠庆、王宠惠等皆是。由于颜惠庆留下了长达三十四个年头的英文日记，经翻译整理的印本厚达三千多页，因此我们对他的读书生涯是有不少直观的了解的。

颜惠庆（1877—1950）的父母均受过英语教育，他从小浸淫在英语环境里，英语对他而言跟母语差不了多少。他会用英文记日记、写自传，也就不足为奇了。关于他少年时期的阅读，《颜惠庆自传》有过描述。其中讲颜惠庆兄弟十几岁的时候："我们曾读过托尔斯泰的短篇小说和《我的宗教》。也读了不少狄更斯、萨克雷和司各特诸人的有名小说。《雾都孤儿》读后，令人凄戚，而《荒凉山庄》，翻开数次，迄未终卷，令人难以欣赏。至于兰姆的《莎士比亚戏剧故事集》，读后，殊觉趣味横生。至于他的另一本书中，涉及中国'烧猪'的故事，突梯滑稽，离奇可笑。《回顾》（引者按：爱德华·贝拉米著），描述一个虚幻怪诞的世界。然而今日

的世界,由于各种科学的发明和发现,一切进步,早已超过作者的梦想。"(姚崧龄译,人名、书名等则按现今习惯转换)

颜惠庆的阅读习惯保持终生。2021年,我把《颜惠庆日记》浏览一过,重点看的是他对读书的记录。权且以1945年为例:这一年在他日记中留下记录的书,有37种,其中中文书9种,包括《金刚经》之类的佛书、《红楼真梦》这样的说部以及中国史书等。其余的28种,应该都是英文书:11种是文学作品,其中除了《浮士德》属于经典文学,剩下均为通俗小说,包括侦探小说、犯罪小说、科幻小说等,比如埃勒里·奎因的《荷兰鞋之谜》、萨克斯·罗默写的傅满洲系列小说、阿加莎·克里斯蒂写的波洛探案;另外17种英文书,则是政治、历史、传记、宗教方面的。

粗略地估计,《颜惠庆日记》中记录的阅读书目大概有一千多种。凭我的印象,其中中文书大概只有十分之一左右,而有约一半的英文书都是文学书,而这些文学书里又有百分之七八十是流行小说。

颜惠庆从少年时代起就爱读小说,他大概并不把它们看作陶冶性灵的高尚文艺,而是当成一种消遣——的确,在那个甚少娱乐活动的时代,读流行小说,对很多人来说都只是娱乐。1913年,颜惠庆出任驻德国公使,后调任丹麦、瑞典等国公使;1919年,任中国出席巴黎和会代表团顾问，先后在欧洲待了好多年；1933年，他被国民政府委任为驻苏联大使，又在苏联待了三年。他在欧洲期间，近水楼台，买了大量外文书，也读了许多英、法文小说（法文是为了外交上的便利后学的，程度似不高）。

在日记中，颜惠庆通常只是记下书名，只在个别时候才写下自己阅读的感受或对书籍的评价。如1945年4月16日的日记中写："读科尔的《论欧洲形势》和韦尔斯的《未来事务的形态》。后者扯得太远，而且太玄。"（《颜惠庆日记》第三卷第675页）。如果单单读译文，可能会以为颜惠庆读的这两本书都是对政治形势的分析著作，其实不然。后者实际上是英国作家赫伯特·乔治·威尔斯（Herbert George Wells，1866—1946）写的一部对未来做了阴暗想象的科幻小说。

2019年，我购得一部精装本的英文旧书，书名为 *The Shape of Things to Come*，正是威尔斯的小说《未来世界》。威尔斯一生写过许多科幻名著，如《时间机器》《莫洛博士岛》《隐形人》《世界大战》《最早登上月球的人》等。《未来世界》一书出版于1933年，由于威尔斯在书中以狂放的想象力和悲观的预期把直到20世纪末的未来世界描绘得阴惨而怪诞，书出版之后，引起广泛关注。中国也很快出现了多种汉译本，最早的是章衣萍、陈若水译的《未来世界》（天马书店1934年7月版），这是在英文版问世仅仅一年后。其他的译本尚有：《未来世界（节译本）》（文化出版社1937年12月再版本）、杨懿熙译《未来的世界》（商务印书馆1937年12月版）、杨炼译《未来世界》（江汉图书公司1938年7月版）、顾毅音译《未来世界》（中流书店1938年10月版）、江樵译《未来世界》（世界评论出版社1939年6月版、启智书店1941年12月版）、鲁愚译《未来世界续集》（纵横社1940年1月版，此书虽曰"续集"，实则只是原著第三部之后的内容而已）等。1939年1月，西安的大同书店甚至还推出过一个叫《未来世界：中国部》的版本，"特将关切中国部分，印作单行本"。威尔斯对中国未来的想象，当然牵动国人的心，在商务印书馆的译本中就有"本馆附识"，声明："威氏在数年前，虽料定当前中国对暴日的自卫，必获得最后胜利，然于中国民族团结力之大，和抵抗力之强，则均有估计过低之弊，因而遂多想像之词，未免不无缺点，此是我们应该注意的。"但事实上，中国的抗战一点不比威尔斯想象的更轻松。《未来世界》还曾两次被改编为电影上映，第一次是1936年威廉·卡梅伦·孟席斯导演的，第二次是1979年乔治·麦高文导演的，均为未来感十足的科幻战争片。

我手上的这部《未来世界》，是1936年美国麦克米伦公司印的，书前空白页的右上角钤了一方尺寸很大

H. G. WELLS

THE SHAPE OF THINGS TO COME

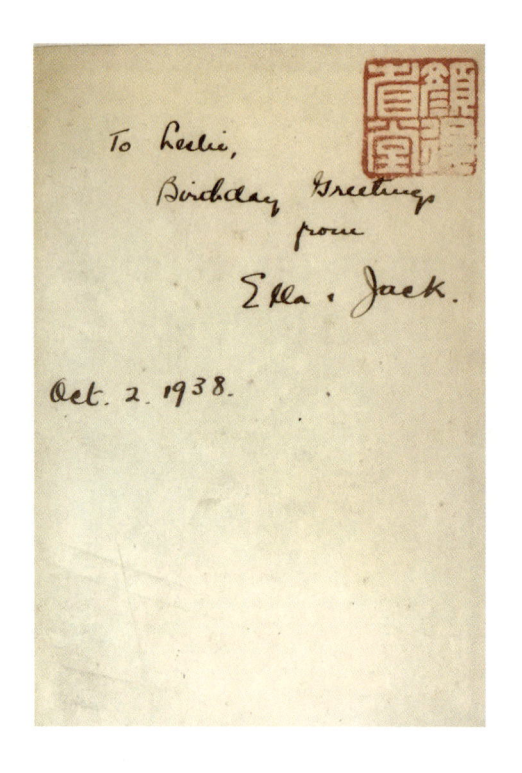

> To Leslie,
> Birthday Greetings
> from
> Ella & Jack.
>
> Oct. 2. 1938.

的白文印，印文为"颜退省堂"。这是颜惠庆家族的藏书印，不少现藏图书馆的颜惠庆旧藏图籍上均有此印。"颜退省堂"据说为王福庵所刻，厚实朴茂，很耐看。想来，当年颜老先生读的《未来世界》，就是这一本了。

颜惠庆的部分藏书，曾捐给南开大学。《颜惠庆自传》里写，1937年，"天津南开大学，和其木斋图书馆被炸毁的噩耗传来，令人深为痛心。木斋图书馆系天津卢木斋（靖）先生捐款修建，除卢氏所赠藏书外，收藏的中国书籍甚多,不失为国内完备图书馆之一。在我离开天津赴青岛之前,曾将个人收藏的英文书籍,和杂志多种,赠给该馆。此次当然同遭焚毁"(中华书局2015年6月版,第334页)。不过,颜惠庆捐给南开的英文书并未尽数焚毁,我见过流散在外的一册,贴有特制的藏书票,上书"颜骏人先生赠　南开大学图书馆"(引者按:颜惠庆字骏人)。

颜家的藏书,大概多数进了图书馆,但外间也有流传。要特别说明的是,钤"颜退省堂"印者,还包括颜惠庆子女的书。比如我2021年买的一本英文书,苏珊·朗格的《哲学新调》(*Philosophy in a New Key*),1978年印的第三版,书名页右上角也钤"颜退省堂"印。颜惠庆1950年就去世了,当然不会收藏一本1978年印的书。在此书书名页上有题识,署名是一个"棣"字,显然,这是颜惠庆的儿子颜棣生的藏书。因此,不能见了"颜退省堂"印,就认定那必然是颜惠庆的书。不过,对这部《未来世界》,我们倒有些把握:毕竟他在日记里记下了。

岔开说一句,颜惠庆还读过张爱玲的小说。1943年7月15日的日记里有"读张爱玲的小说"的记录,16日又记:"看完《紫罗兰》杂志。"从1943年5月第二期起,《紫罗兰》杂志分三期连载张爱玲的小说《沉香屑·第一炉香》,他读的应该就是这篇。颜惠庆不仅读了张爱玲的小说，还见过张爱玲本人。1944 年 4 月 11 日的日记里记载："张女士（爱玲）来访。"说起来，颜惠庆早年曾照拂过张爱玲的父亲张志沂，张爱玲来看他并不奇怪。

1945 年，沦陷中的上海，68 岁的老人颜惠庆，在打理繁多的工商事务之余，还捧读厚达四百多页、"扯得太远，而且太玄"的小说。这样一幅阅读的画面，我总觉得是有意思的。

汪荣宝

一直觉得，汪荣宝称得上是晚清的一个"文艺复兴人"（Renaissance man）。以著作来说，遍及四部：《思玄堂诗集》是清季西昆体的代表作；《法言义疏》是诸子学的名著；与许国英合撰的《清史讲义》是写得早而今天依然值得读的清代史；至于与叶澜合编的《新尔雅》，虽然内容已为"新学"，但按四库的分类法，还算经部小学类罢。事功方面，推动晚清、民国宪政，《大清宪法草案》《中华民国宪法草案》都少不了他的参与，入民国，做议员，复转事外交，先后任驻比利时公使、驻瑞士公使、驻日本公使。在政学两界有如许成绩的，即便在俊彦辈出的近代，也不多见。

2016 年 3 月，我买到一套法文版的卢梭《忏悔录》（*Les Confessions*）精装本两卷，由 Van Bever 编订，巴黎 Georges Crès 书局 1914 年出版。该书装帧颇精，书顶刷金，用纸尤坚韧，在法国书里算是相当好的。第一册内封钤一篆印，印文为"衮父所藏"。汪荣宝字衮父，且近代名人以"衮父"为字者似也只有这么一位。如此

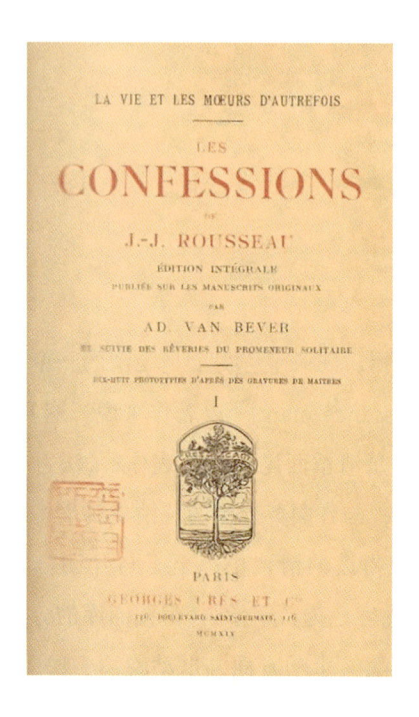

说来，这书该是汪荣宝旧藏了。

然而，在我印象里，汪荣宝是留日出身，懂日文理所当然，难道他还能读法文吗？以前是读过《汪荣宝日记》的，未见其有懂西文的迹象。嗣后，偶阅王揖唐《今传是楼诗话》，才把疑虑打消了。王揖唐记汪荣宝："君与余共事议席，投契夙深。使欧数年，法语精进，有如素习。侪辈中壮年勤学，旁通西文者，同年章莅生（祖申）外，未见有第三人也。"今本《汪荣宝日记》只收 1909 至 1912 年日记，而汪荣宝出为驻比利时公使则在1914年,看来汪荣宝是使欧后方学的法语。三十几岁开始学一门外语,几年工夫,达至"有如素习"的程度,汪荣宝之勉学,的确令人敬佩。

《思玄堂诗集》中有七律《留滞》一首,题后自注"欧战时驻比京作",说明是1914年第一次世界大战打响后,德军将占布鲁塞尔之际所作。颔联云:"对月略能推汉历,看花苦为译秦名。"后面一句,或许是说观看西洋花木时还思忖着如何回译为中文名。大概这时候汪荣宝已经在学法语了罢。

那两卷卢梭《忏悔录》出版于1914年,时间上倒也对得上,只是不知汪荣宝是在比利时买的还是在比利时沦陷后随比政府流亡法国时在法所购。

不过,汪荣宝好像并没有读过此书,因为很多书页都没裁开。说起来怪有意思的,我发现他没读过,心下倒释然了。频年所得名家旧藏之书不少,其中自不乏通篇批点、丹黄烂然者,看了固使人平添几分向学的志气,而书页未裁的,却也碰到过不止一回了,"原来名家也有买了书囤着不读的啊",这样想着,心里的意气就稍稍平了。

周作人

关于留学期间学了三年希腊文的事,周作人在1934年12月31日写的一份《周作人自述》中称:"一九〇六年至日本,初入法政大学预科,后改进立教大学,辛亥革命归国,学无专门,只学得了几句希腊文与日本文而已。"晚年撰《知堂回想录》,有一节就叫"学希腊文",记述较详:"……在这年(一九〇八)的秋天,我开始学习古希腊文,……那时日本学校里还没有希腊文这一科目,帝国大学文科有开倍耳(引者按:Raphael von Koeber, 1848—1923,时任东京帝国大学哲学科教授)在教哲学,似乎设有此课,但那最高学府,不是我们所进得去的,于是种种打算,只能进了筑地的立教大学。这是美国的教会学校,校长是姓忒喀(Tucker),教本用的是怀德的《初步希腊文》,后来继续下去的,是克什诺芬(Xenophon〔引者按:现通译色诺芬〕)的《进军记》(Anabasis〔引者按:现通译《长征记》〕)。但是我并不重视那正统古文,却有时候还到与立教大学有关系的'三一学院'去听希腊文的《福音书》讲义……"在1932年6月24日所作的《〈希腊拟曲〉序》中，周作人写道："一九〇八年起首学习古希腊语，读的还是那些克什诺芬（Xenophon）的《行军记》和柏拉图（Platōn）的答问，我的目的却是想要翻译《新约》，至少是《四福音书》。"

2018年6月，我从网上买到一部《节本希英字典》（*A Lexicon Abridged from Liddell and Scott's Greek-English Lexicon*），牛津大学出版社1903年第二十八版。亨利·乔治·利德尔（Henry George Liddell，1811—1898）与弟子罗伯特·斯科特共同编纂的《希英大字典》是古典学名著，不过由于它卷帙过大，初学者购置、使用都有困难，所以有节编本的出现。除了这种小型的三十二开《节本希英字典》，还有一种中型本，2015年曾由北

A LEXICON

Abridged from

Liddell and Scott's Greek-English Lexicon

THE TWENTY-EIGHTH EDITION

OXFORD
AT THE CLARENDON PRESS
HENRY FROWDE
OXFORD UNIVERSITY PRESS WAREHOUSE, AMEN CORNER
LONGMANS, GREEN, AND CO.
39, PATERNOSTER ROW
LONDON
1903

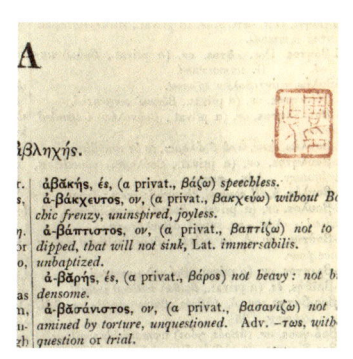

京大学出版社影印,题为《希英词典(中型本)》。

这部《节本希英字典》书名页右下角,钤一朱文篆印"周作人印"。另外,还在字典正文第一页和最后一页各钤了一次。此印不见于《周作人印谱》及陈言、周运等关于周作人藏印的文章。印章材质似为象牙,或许因其轻小而易遗失,故知堂后来未再用之。

学外语,自然要有教材和工具书。周作人称当年"教本用的是怀德的《初步希腊文》"。他还曾将该书作为希腊文入门读物推荐给章廷谦(川岛),后者1928年4月28日写信给知堂:"*The First Greek Book* 我已托〔李〕小峰去买,但还没有买到。承指示,谢谢。"(《回望周作人·致周作人》,河南大学出版社2004年4月版,第270页)我在旧书网上以"White"(怀特,即周作人所称"怀德")和"Greek"(希腊文)为关键词在"已售图书"中随便一搜索,排在结果最前面的一部就是约翰·威廉斯·怀特（John Williams White）的《初步希腊文》(*The First Greek Book*)。看图片，该书书名页右下角钤一朱文篆印，正是"周作人印"，与我那部《节本希英字典》上的一模一样。原来这就是《知堂回想录》里提到的那部希腊文教材，2018年3月被人买走，比我早了三个月。

事实上，《初步希腊文》与《节本希英字典》所钤印章的真确性，是可以互证的。首先，这两部书商家均未注出旧藏者的名字，而它们作为普通外文书的售价又都是公道的；其次，我买《节本希英字典》时，商家展示的图片相当模糊，一般人绝辨不出印文内容，我也只是隐约感觉可能是名家所藏便订购了。《初步希腊文》的图片虽大一点点，但同样不清晰，若不是因我细看过《节本希英字典》上的钤印，恐怕仍认不得那是"周作人印"几个字。以上两点，均不符合书贾作伪牟利的一般特征。既然《初步希腊文》可与周作人自己的回忆印证，那印章的真伪也就不必再疑猜了，《节本希英字典》为知堂旧藏亦可确定，且它定是周作人早年习希腊文时所用之物，因为等他后来欲移译希腊文经典必不敷用了。

周运《知堂藏书聚散考》中曾记述现藏国家图书馆的知堂旧藏利德尔、斯科特编《希英大字典》，为1897年版："正文首页朱文方印：苦雨斋藏书印……第748

页有钢笔写的希腊词，不少地方有红色铅笔、钢笔等画线与使用记号。"(《乘雁集》，上海文艺出版社 2021 年 11 月版，第 472 页）一方面周作人后来有了大型字典可参考，另一方面其希腊文方面的学识亦已增长，故早年用过的希腊文读本和小型字典在不得已时可淘汰掉。我疑心《初步希腊文》与《节本希英字典》是周作人在生活艰窘之际自己斥卖的。周作人清理旧藏，零星售予旧书店，这种情况其实一直都有，不过五十几岁后卖得更多、更频繁一些。这里只举其日记中所记卖出西文书的几则记录：1939 年 11 月 9 日，"上午平白（尤炳圻）与沈心芜来，取英、日文书去，共二百册以上，又杂志及中文在外"。11 月 12 日，"下午德友堂来，松筠阁来，与同文书局共取英日文旧书去"。11 月 19 日，"下午松筠阁来，交前售英日文旧书，价八十元，又以中文书予之"。1959 年 12 月 11 日，"下午中国书店人来，售予西书四十一册及什书，得百三十五元"。

周运文中指出，国家图书馆收藏有明确藏记的知堂西文藏书 271 种（后又有少量补遗），金文兵先生目前在从事周作人英文阅读史的研究工作，相信也会有所发见。在刻下所知的近三百种知堂西文藏书中，《节本希英字典》不算名贵，但作为周作人早年学习希腊文的证物之一，或许还是可珍的。

周越然

2022年5月，沪上一旧家所蓄英文书散出，我见其中有一册为文人、藏书家周越然旧藏，便订下了。当时上海尚在岑寂之中，邮路未通，窃思此是何等微末之事，也未曾催问。过了半个多月，书居然寄来了。

这是常见的"人人丛书"（Everyman's Library）中的一种：英国诗人、小说家查尔斯·金斯莱（Charles Kingsley）著《希腊英雄传》（*The Heroes*）。是书写柏修斯、忒修斯等希腊神话中的英雄的事迹，叙事尚称简明，适合少年阅读，1955年儿童读物出版社就印行过吕天石等的译本，近年的新译则不止一个。

1910年的这一版《希腊英雄传》，倒与寻常的"人人丛书"本略有不同，

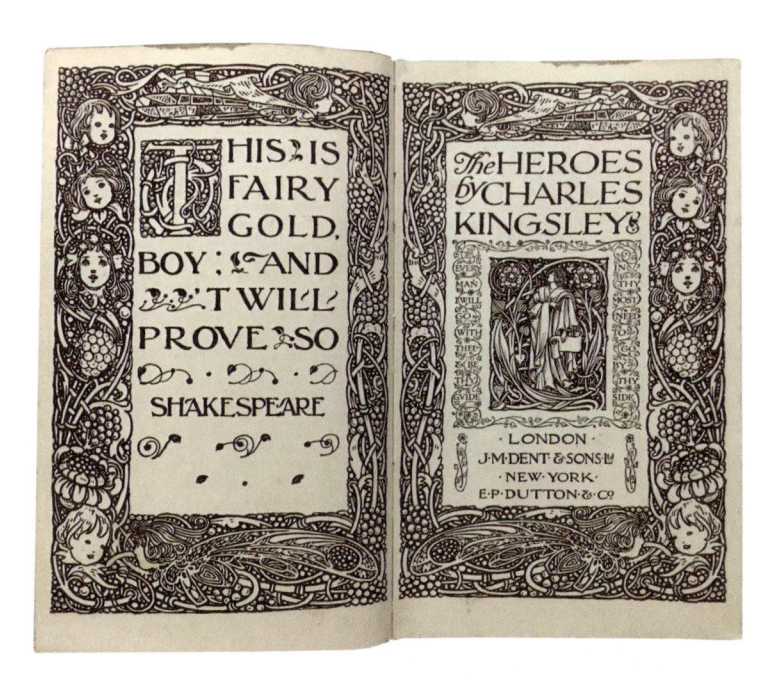

道林纸精印,所配插图亦精。书中未写插图为何人所绘,我查了后印本,已注明是 T. H. Robinson 画的。这位托马斯·希思·鲁宾逊(Thomas Heath Robinson)虽不如他同为插画家的兄弟查尔斯·鲁宾逊、威廉·希思·鲁宾逊有名,但据我看,他的画作却似更有品位些。他画的男子身姿之矫健、女子体态之婀娜,都难得地不俗气,大片的黑色调用得尤其好。2022 年 4 月国内出版的《欧美插图黄金时期作品选》,选了查尔斯和威廉的画,而未选托马斯的,或许算遗珠之憾。

西书东藏

Thescus 191

came to the cliffs of Sciron, and the narrow path between the mountain and the sea.

And there he saw Sciron sitting by a fountain, at the edge of the cliff. On his knees was a mighty club; and he had barred the path with stones, so that every one must stop who came up.

Then Theseus shouted to him, and said, "Holla, thou tortoise-feeder, do thy feet need washing to-day?"

And Sciron leapt to his feet, and answered—"My tortoise is empty and hungry, and my feet need washing to-day." And he stood before his barrier, and lifted up his club in both hands.

Then Theseus rushed upon him; and sore was the battle upon the cliff, for when Sciron felt the weight of the bronze club, he dropt his own, and closed with Theseus, and tried to hurl him by main force over the cliff. But Theseus was a wary wrestler, and dropt his own club, and caught him by the throat and by the knee, and forced him back against the wall of stones, and crushed him up against them, till his breath was almost gone. And Sciron cried panting, "Loose me, and I will let thee pass." But Theseus answered, "I must not pass till I have made the rough way smooth"; and he forced him back

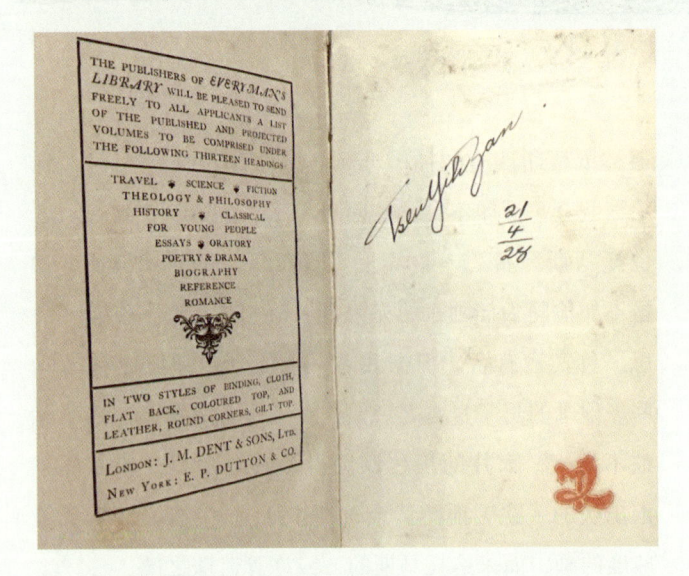

THE PUBLISHERS OF EVERYMAN'S LIBRARY WILL BE PLEASED TO SEND FREELY TO ALL APPLICANTS A LIST OF THE PUBLISHED AND PROJECTED VOLUMES TO BE COMPRISED UNDER THE FOLLOWING THIRTEEN HEADINGS

TRAVEL ❦ SCIENCE ❦ FICTION
THEOLOGY & PHILOSOPHY
HISTORY ❦ CLASSICAL
FOR YOUNG PEOPLE
ESSAYS ❦ ORATORY
POETRY & DRAMA
BIOGRAPHY
REFERENCE
ROMANCE

IN TWO STYLES OF BINDING, CLOTH, FLAT BACK, COLOURED TOP, AND LEATHER, ROUND CORNERS, GILT TOP

LONDON: J. M. DENT & SONS, LTD.
NEW YORK: E. P. DUTTON & CO.

21/4/28

周越然在《希腊英雄传》上签的名是"Tseu Yih Zan",若不熟悉他民国时期编纂的那些英文读物,是绝难从这个签名拼出"周越然"三个字的——我能轻易得到这册书也以此。周越然旧藏的线装古籍,近年拍卖会上每有出现,而他收藏的西文书却极少见,此前我只见过苏州的曹彬先生2016年购入的一册,是约翰·玛西的《世界文学史话》(*The Story Of The World's Literature*),上面的英文签名,笔迹与我买到的这册非常相似,连向上倾斜45度角都一般无二。不过,那册上有周越然的中文题识一句,更名贵些。《希腊英雄传》上另有一红色花押章,似是"ML"两个大写字母,疑为比周越然更早的书主人所钤。

周越然署的日期"21 / 4 / 28",却令我一见即大呼头痛。为什么呢?因为它有四种可能,难于遽断。按英国人的习惯,它应该是1928年4月21日,可那会儿的国人常用民国纪年,如民国二十八年也可以写"28",因此,它也可能是1939年4月21日。此外,若书写者是按中国人的习惯顺序,它还可能是1921年4月28日,或循民国纪年,则是1932年4月28日。正在为判定日期犯难之际,我猛然想起曹彬先生购藏的《世界文学史话》上周越然的那句中文题识:"民国二十一年三月二十二日购于上海二马路伊文思,实价四元。"Eureka! 我像从澡堂子里一跃而出的阿基米德一样喊了句:

我找到了！

为了解与此小问题有关的语境，且让我们先读一下周越然对其西文藏书罹厄的记述：

> 我第三次亡书，在民国二十一年（壬申）一·二八事变中。当时我家（作动词用）闸北天通庵路，藏书的几间屋子叫做"言言斋"。炮火连天的时候，房屋同书籍，均遭了殃。除国籍一百六七十箱不计外，我所损失的西籍总在三千种或五千册以上，其中五十余种，系绝版者或稀罕者。（《购买西书的回忆》）

1932年1月28日深夜，日军攻打闸北，第十九路军总指挥蒋光鼐、军长蔡廷锴指挥军队顽强抵抗，这是"一·二八"事变之始。周越然在《逃难记》一文中回忆事变前后的经历，曾写道："我的自建房屋，大概在二月八日与十六日间被焚——或为炮火，或为放火，原因至今不明。"不用说，这也是言言斋藏书的一次大厄。

我们回头看周越然记在《世界文学史话》上的日期——1932年3月22日。此时距"一·二八"事变之起尚不足两月，也是周越然房舍、书籍俱被焚毁后的一个多月。按历史记载，1932年3月3日，中日双方停战，3月24日，在英领署举行正式停战会议，"一·二八"事变才算尘埃落定。也就是说，当周越然在专售西籍的伊文思书店里淘书时，停战会议都还没开呢。

现在再看《希腊英雄传》上的"21 / 4 / 28"这一日期，实际上，只剩下一种可能性，那就是"民国二十一年四月二十八日"，也就是在周越然购入《世界文学史话》的三十七天之后。两册书购买的时间非常接近，也很好地解释了为何两个英文签名如此相似。

了解了周越然购书的背景，又令我们有可能进而理解周越然购书的动机。因为老实讲，《世界文学史话》也好，《希腊英雄传》也罢，对深嗜西文书的人来说，都只能说是极普通的书，且程度不高。那么，当时已经四十六七岁、读英文读了半辈子的周越然何以要买这样的书？原因很简单，就像他在《逃难记》里写的："自己的房屋及其中一切，都被毁了。那末当然非重做人家不可。"嗜书人的"重做人家"，当然就是在战火硝烟渐次消散之际，便忙不迭地买起书来，而且是从头买起，哪怕是习见之书、通俗之书，也照样买、买、买。

周越然在写于1944年8月10日的《购买西书的回忆》中还称，其所藏西书，"虽然已在一·二八时遭劫，但一·二八后补购的亦属不少。我家中现有者，总在一千五百种以上——大部分为文学书，足供我年老时的消遣"。换言之，在劫后的十二年间，周越然又购入超过一千五百种西书，也就意味着，平均每年买的西书达一百种以上。考虑到当时外文书价格颇高（"实价四元"即不便宜），能保持这个购入频率，足见周越然在藏书方面的嗜欲至老未衰。

既然到20世纪40年代中期，周越然的西文藏书又已达一千五百种之多，那为什么流传到今天、有周氏签名的西书却如此之少呢？我想到一种解释，那就是，或许周越然本无在西文书上写名字的习惯，而他之所以会在《世界文学史话》《希腊英雄传》上签名，只是因为那会儿他，藏书荡然、旧习难除，胸中对新得之物有份格外的珍惜罢。嗣后生活平静，新籍不断加添，也就不再有一一题写名姓的兴致了，想亦是人情之常。

探究完书背后的种种，我轻抚着《希腊英雄传》的烫金书脊，似乎比之前更增了一分欢喜。毕竟，在炮火战乱、赀财俗务、爱恨嗔痴之外，尚有一小片安静，可在书里觅得。读书人或因此而不难有异代相知之感。

王云五

王云五是力学成才的典型，尤为世所艳称者，乃是他通读《大英百科全书》一事。1974年，86岁的王云五在接受采访时回忆，自己18岁到21岁的时候，"我因为好奇，当商务印书馆初次代理发行《大英百科全书》时，我就以分期付款的方式买了全部。当年书价是三百元，三年付清，我的薪水每月是廿四元，于是，每个月要用半袋薪水去付书款。拿到了书，我是逐字逐句的阅读，想想得来不易，就特别用心，对每一条都不放过。不到三年，三十厚册的书我已经读完了，从此，我也发现自己样样都看得懂了，就连高深的数学，也一样通"（胡有瑞《学术界的奇人——王云五访问记》，收入《王云五全集》第18卷，九州出版社2013年4月版）。

这样的苦学功夫让人感佩。但他自己从很早时起就承认这不是治学的好办法，如在《怎样读书》（载1930年12月《读书月刊》第一卷第二期）一文中谈到："多看书也有毛病，这一点是我自己要忏悔的。随便看书不但花了许多精神，而且是白费时间，这是多看的坏处。有一个笑话，《大英百科全书》本是一种参考书，而我却把这部书从头至尾的读了一遍，像这样的读书是等于不读书。希望诸君不要走我失败的路。"王云五号岫庐，在上引访问记中，记者写道："胡适是岫老的学生，逢人就推介岫老，而且必定宣传一下岫老读遍《大英百科全书》这件事。"而王云五则如此回应记者："我常对适之说，别宣传了，我用的是笨方法，读书不专，对每门学问只能得一大概，这样就会一事无成了。"

茅盾曾在回忆录里嘲讽王云五通读《大英百科全书》之说："……〔王云五〕于一九二二年一月正式就任商务编译所所长。他带来了几个私人。这几个人实在是他的耳目。这几个人为王云五吹嘘，说他兼通理、工科，善英、法、德、日四国文字，《大英百科全书》从头到底读过一遍。但这些肥皂泡不久就破了。编译所中通英、德、法、日这四国文字，留学回来，专业为理、工的人，少说也还有一打左右，他们向这位新所长'请教'一番，就匿笑而退。"（见《我走过的道路》〔上〕，人民文学出版社 1981 年 10 月版）

茅盾和王云五在政治上分属对立阵营，他对王云五的讥刺也许不无偏见的成分，但我想，岫庐虽然下过卓绝的功夫，但究竟未成专家，学问的深度有所欠缺，也符合常理。可王云五通读过《大英百科全书》一事，倒未必是全无依据的吹嘘。王云五的儿媳李纯瑛后来用英文写了回忆录，前些年被译成中文出版，书中记录了她参观王云五在上海的书房时的印象："他的书一本本摆满了整片的墙，这里什么样的书都有，从现代的书籍、精装本到老式手缝的书册，还有古时候的卷轴。我的眼睛停在一套《大英百科全书》上。这套书歪歪斜斜地在书架上互相靠着，有如受伤的士兵一样。书的封面已经破破烂烂的了，书脊也已满是皱褶，但是这些破旧的伤痕不但没有降低它们的价值，反而更加显示出历史留下来的光辉。听说爸爸不但研读了共18册的《大英百科全书》，而且还牢记了全部的内容。看到这套书，可以想见这些传说，所言不差矣。"（李纯瑛口述、王泰瑛整理、朱其元译《烽火·乱世·家：王云五家族口述史》，东方出版社2018年7月版，第191—192页）李纯瑛提到的《大英百科全书》册数（18册）与王云五所说的（30册）不同，这显然是她不了解书的缘故。但她目击书册因翻阅而破旧残损的状况，应该属实。王云五当年以分期付款方式购得的《大英百科全书》当然是崭新的，认真读过一遍，再加上多年摩挲，才会变得那样罢？我是宁肯相信传说，而不愿解构佳话的。

岫庐好藏书，其中外文书数量颇不少。1952年，他在《我的图书馆生活》（收入《我的生活片段》，华国出版社1952年8月版）一文中回忆："我自民国五年

（1916年）由北平返上海，迄二十六年（1937年）八月中日全面战事发生时，其间二十年继续收集之书籍，连同前此已有者，计有木版书约三万册，铅印及景印书约四万册，各国文字书籍约七千册，合起来将达八万册。"茅盾回忆录里提到，在就任商务印书馆编译所所长前，"高梦旦亲自拜访了'隐居'在上海的王云五。高梦旦带了郑贞文同去。郑贞文（心南），留日学生，福建人，专业化学。据郑贞文说：王云五藏书不少，有日文、英文、德文的书籍，其中有不少科学书。有德国化学学会出版的专门化学月刊，从首卷到第一次世界大战前，整套齐全；这种杂志，郑贞文在日本理科大学图书馆内曾见过，回国后却不曾见过，不料王云五却有之。经过询问，王云五只得直说是从同济大学医学院德国化学教师那里买来的，这位教师因欧战而回国。王云五所藏的外文书籍，极大多数是乘欧战既起许多外国人回国的机会，廉价买来的"。

王云五在《我的图书馆生活》一文中写自己早年在上海肆力收书的情形："那时候的英文专修学校，除星期日休息外，星期三和星期六的下午也停课；而这两个下午我总是消遣于北京路一带的旧西书店和河南路福州路一带的中文书店。这些旧西书店多从拍卖行把外国人回国者的家具什物和书籍一起买回来。他们对于家具什物都还识货，自能待价而沽；但对于西书既不知其内容，便只凭外表装订之优劣与书籍的新旧，胡乱定价出售。我在布先生那里当教生的一年自动阅读的书颇多，对于西学已略窥门径，于是某书有用，某书无用，便不致随其外表而定；因此，在那里搜购西书往往获得很有价值的名著，而代价之低往往在原定价十分之一以下。"这里有关"外国人回国"的叙述，与茅盾所记相同。《我的图书馆生活》还讲到，在王云五加入商务印书馆前的几年，"由于第一次欧战后外汇汇价大跌，美金一元仅当我国国币七八角，于是向外国购买新出版书籍的价格至廉；同时我对各科学术都有了门径，也就得以极廉之价选购最精要之作。加以最近数年渐能读法文及读德文书籍，故于中英日文的藏书外，还参入若干法文及德文著作。"

2023 年初，我买到两卷贴有岫庐藏书票的德文书，是《布罗克豪斯社交辞典》（*Brockhaus' Konversasions-Lexikon*）第十三版（1901—1903 年印）的零册。布罗克豪斯出版社以编纂出版德文百科全书闻名，《布罗克豪斯社交辞典》无百科全书之名，而有百科全书之实——到 1966 年，该系列就改称《布罗克豪斯百科全书》了。《布罗克豪斯社交辞典》第十三版共十六卷，另有补编一卷，每卷均超 1000 页，内附多张黑白、彩色图片及拉页地图，好纸精印，是当时极有影响的豪华百科全书，只是篇幅略逊《大英百科全书》而已。既然

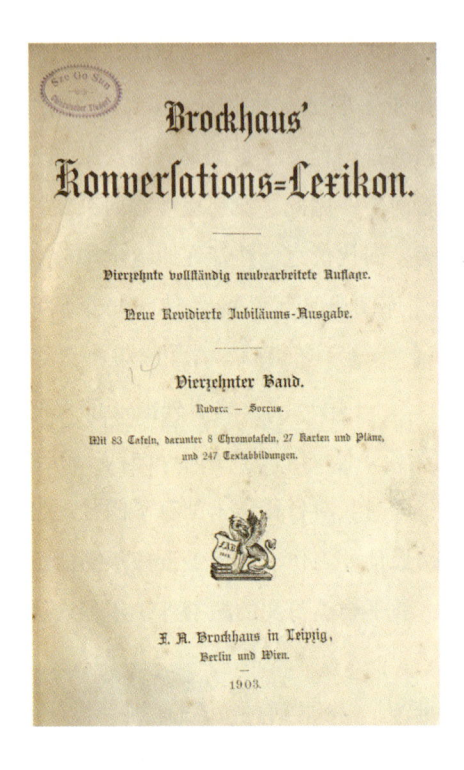

王云五早年的治学途径是读英文的百科全书,那他在学了德文以后,会想到再购读德文的百科全书,也就自然而然了。

我手上的《布罗克豪斯社交辞典》第八卷、第十四卷,每卷书前空白页的左上角均贴着一张简朴的书票,除了"岫庐藏书"四字外,还印着"价值""类别""类号""总号"字样,但皆空白未填。书名页左上角则钤紫色椭圆形德文名章"Sze Go Sun Chinesischer Student",说明这套辞典是一位叫 Sze Go Sun 的中国大学生的旧藏。王云五讲过,他是旧西书店的常客,想来这套辞典就是买来的二手书。

王云五真有能力读这部德文百科全书吗?还是有可能的。他在《我怎样自修》一文中介绍自己"用比较的方法来读外国文书籍"时曾写道:"后来我研究法文和德文,从略能阅读之时起,便设法购取已有英译本的法文及德文名著,初时系比较阅读,稍后则先阅法文或德文原本,遇有不很明白的文义才取英语本比较。……至于第一部德文名著与其英译本比较阅读者,记得是席勒氏的 *Die Jungfrau von Orleans*(《圣女贞德》)。"《奥尔良少女》是席勒写圣女贞德的一部戏,王云五能借助英译本读这样的德文名作,说明德文已有相当程度。

《布罗克豪斯社交辞典》书前另钤"上海财政经济学院图书馆"藏书印,这是怎么回事呢?说起来,尚有一番曲折。

潘序伦在《立信会计学校的创办和发展》（见上海《文史资料选辑》1980年第一辑〔总第二十九辑〕，上海人民出版社1980年4月版）一文中提到王云五为立信会计专科学校捐赠图书之事："由立信同学会数以万计的校友为本校新设图书馆征募图书，在短短的一二年内就征集到中外图书5万余册，其中最大的捐赠人是校副董事长王云五，捐赠了2万册左右。"立信会计专科学校"新设图书馆"是1947年的事，岫庐藏书归之当在1948年。

王云五的捐赠，恐怕并非情愿，而是不得已的。他在《我的图书馆生活》一文中谈及所谓"我的藏书几尽为共产党抄没之事"："写到这里，我不得不一述我从十八岁以来迄于六十二岁离开南京和上海之时，我的私藏图书的命运。这些图书除了事前借存于某学校约二万册以外，南行随身携带仅占极少数，其他都分别托人保管，俾得便择要转运南来；却因局势转变太快，而所托之人或由于畏祸，或由于其他原因，似乎都没有尽其受托的责任。及京沪相继沦陷，由于共产党宣布我为战犯之一，便实行抄家，于是我留在京沪的藏书，除借存某校及战事初期移至香港者外，悉数遭共产党缴没，至于借存某校者，终久亦定被掠夺；故实际上的损失当占我的藏书全部百分之九十以上。"

这里提及的"事前借存于某学校约二万册",与潘序伦所写王云五捐赠立信会计专科学校的图书数量相合,"某校"当然就是指立信会计专科学校了。王云五跟立信的校长潘序伦交情甚笃,因此才会把自己珍视的藏书"借存"于那里。抗战胜利后,王云五成了政坛显要,1946年出任国民政府经济部部长,1947年升任行政院副院长,1948年,他在财政部部长任上因发行金圆券失败饱受抨击,11月引咎辞职。11月26日,王云五携家眷自南京飞往广州。12月25日,中共中央通过新华社发布了一份四十三人的战犯名单,王云五位列第十五。1949年1月,王云五出走香港。1952年,高等学校院系调整,立信会计专科学校被并入上海财政经济学院。王云五"借存"或"捐赠"的那两万册书也就跟着到了上海财政经济学院图书馆,所以《布罗克豪斯社交辞典》上才有了馆藏章。馆藏章上叠盖了"上海社会科学院图书馆注销章",证明这辞典还进出过上海社会科学院图书馆。兜兜转转,如今它们又到了我手上。这恐怕要算是不很平凡的图籍播迁之旅了。

1979年8月,潘序伦于王云五九十寿庆后在海外发表了一封公开信,题为《潘序伦书寿王云五》(收入《潘序伦文集》,立信会计出版社2008年10月版),当中一段云:"犹忆一九四七年我兄离沪之前,曾将多年收集之词汇卡片数十万张,交由伦当时主持之立信会计专科学校保存。建国以后，伦以为此属文士之心血，国家之财富，理应归之国家，俾发挥其应有之作用，因代为交与国立图书馆保存。我兄曾有志于将此材料，编著中华百科全书。今国家已在京沪等地，设立大百科全书出版社，网罗人才，全力以赴，遥想百科全书问世之期，定在不远。倘杖履在此，伦知当亦为之莞尔首肯也。盖使理想成为现实，宁非人生一大乐事乎？"潘序伦此信或有统战之意图，但其中透露的信息还是值得玩味的。原来，王云五为编著中文的百科全书曾收集词汇卡片数十万张，最后也借存在立信会计专科学校。王云五大半生，与百科全书，也可谓"痴缠"了。

梅贻琦

宣统元年（1909）秋，清廷的游美学务处招考赴美留学的学子，最终四十七人上榜，第六名为梅贻琦。当时主持留学事务的梁敦彦，惩于留日学生多习法政归国后以做官为尚，主张游美学生应着重理、工、农、商等实用科目，以裨学成报效。也许受此观念影响，梅贻琦选择了美国马萨诸塞州的吴士脱工科大学（Worcester Polytechnic Institute，今译伍斯特理工学院），就读电机工程系。1914年秋，梅贻琦毕业回国，第二年秋，到清华学校任教。浦薛凤回忆他在清华时受教于梅贻琦的情形："梅师曾授予数学一课，讲话特别缓慢，解释非常明白，练习认真，而态度和蔼，此一印象至深，迄今犹历历如昨日事。"（《梅故校长精神永在》，收入浦薛凤著《音容宛在》，商务印书馆2015年5月版，第69页）

既然梅贻琦是理工出身，一般人遂不免以为这位清华大学的校长不怎么读文艺、社科方面的书。梅贻琦之妻韩咏华写于1981年的文章《同甘共苦40年——记我所了解的梅贻琦》谓："月涵（引者按：梅贻琦字）担任校长后，他的生活几乎就只有做工作、办公事，连吃饭时也想着学校的问题。工作之余就是看看报纸，也未见他看过什么小说之类的东西。"（《天南地北坐春风：家人眼中的梅贻琦》，石油工业出版社 2018 年 9 月版，第 21 页）我们只能说，这位太太怕是不怎么"了解"自己的丈夫——梅贻琦当然看过小说，而且看过不少。

现将《梅贻琦西南联大日记》（中华书局 2018 年 5 月版）中有关梅贻琦阅读状况之记录按时序逐条列出，便于我们了解他读书的情形（原书录文、标点有个别疏误，径改）。

1941 年 1 月 9 日："晚阅 André Maurois's *Disraeli* 前数章。夜半始停。"按，梅贻琦读的是法国传记作家安德烈·莫洛亚所著《迪斯雷利传》，迪斯雷利曾出任英国首相。此书民国间有中译本，题《维多利亚时代英宫外史》，李唯建译，中华书局 1935 年 2 月版。梅氏所读应为英文版。

1941 年 1 月 17 日："1:30 a.m. Finished *Disraeli*. Felt a great sympathy and admiration for this man."（"凌晨一时半，阅《迪斯雷利传》终卷，殊感与此公意气相投，且甚赞佩。"）

1941 年 2 月 23 日："晚阅 Rachel Field's *All This, and Heaven Too* 完，此书写得颇好，情节亦颇有趣，不知能续借寄耒阳一阅否。"按，梅贻琦读的是美国小说家蕾切尔·菲尔德（1894—1942）的小说《卿何遵命》，女小说家基于自己伯祖母的真实经历创作，英文版出版于 1938 年，两年后被改编为电影，由贝蒂·戴维斯主演。小说主人公为一家庭女教师，在一法国公爵家执教时，与公爵似生情愫，公爵夫人嫉之。后公爵夫人被谋杀，公爵与女教师二人均有嫌疑，而她要自证清白。自 20 世纪 30 年代中期起，梅贻琦与朱经农妻子杨净珊之间即有情愫，是时读此小说，心中不能无感，遂希望远在耒阳的杨净珊也读一读，以通款曲。书大概是从西南联大图书馆借的，故有"续借"一说。关于梅、杨情事，可参考谭苦盦文章《"还剩旧时月色在潇湘"——梅贻琦日记之"珊"》（徐俊主编《掌故》第六集，中华书局 2020 年 7 月版）。

1941 年 3 月 29 日："晚阅 Anthony Hope's *Prisoner of Zenda* 完。"按，梅贻琦读的是英国小说家安东尼·霍普（1863—1942）的历史小说《詹达堡的囚徒》。

1941 年 7 月 2 日："日间无计避暑，只在花厅与郑（天挺）、罗（常培）看书，写日记。"

1941 年 9 月 11 日："饭后阅 Arnold Zweig's *The Case of Sergeant Grischa*……"按，梅贻琦读的是德国小说

家阿诺德·茨威格（1887—1968）的小说《格里沙中士案件》英文版。

1941年11月8日："……会散后阅De Gaulle's *The Army of the Future*终卷，书旨颇确当，惜法人未注意。"按，梅贻琦读的是戴高乐将军的军事著作《未来的军队》英文版。法文原著出版于1934年，题为《论职业军队的建立》。《未来的军队》是1941年的新书，梅贻琦当年就读到了，在战时昆明，可谓速矣。

1945年9月18日："下午小睡后在寓看书未出门。"

1945年9月19日："〔午〕饭后至求精中学饮茶、看书。"

1946年1月27日："下午收拾花草。在阳台上看书，颇和暖有春意。……晚贪看小说，至五点看完始入睡。"

1946年2月25日："上午写信、看书颇觉闲适。"

1946年5月26日："在床上看*The Life of the Heart*，述George Sand身世者，至一点始睡。"按，梅贻琦读的是意裔美籍女作家弗朗西斯·温沃（Frances Winwar, 1900—1985）的传记作品《心之生命：乔治·桑及其时代》英文版。此书出版于1945年，梅贻琦次年就读到了，亦难得。

在1941年至1946年六年间，梅贻琦在日记里记录

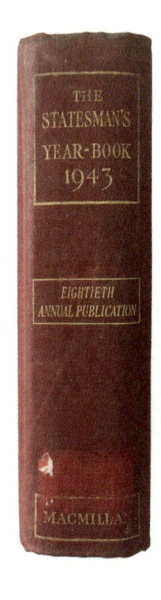

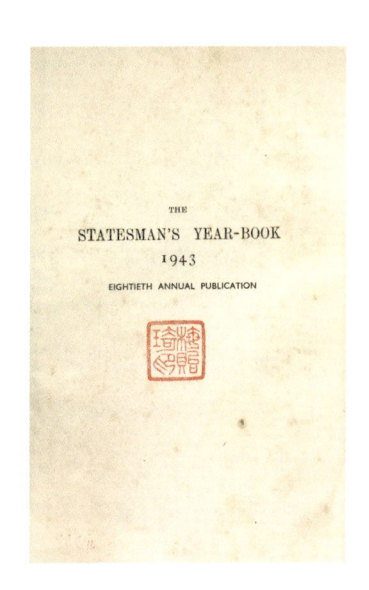

读传记两种、社科书籍一种、小说四种（一种未记书名），凡提及书名者皆为英文书。似乎可认为，英文书在梅贻琦的阅读中占重要地位。至于梅太太后来称"未见他看过什么小说之类的东西"，可能是太太对丈夫疏于观察或懒于观察，或本来就不擅观察，不足为据。

2024年4月，我买到一册残破的英文旧书《1943年度政治家年鉴》(*The Statesman's Year-book 1943*)，书名页钤朱文篆印"梅贻琦印"。《政治家年鉴》是英国历史最悠久的政经年鉴，始创于1864年，到今天仍在持续出版。1943年度的，为该年鉴第八十次刊行。《政治家年鉴》一般在当年年初面世，而所载信息更新相当及时，如《1943年度政治家年鉴》有关中国部分，当时国民政府的部长名单，更新至1942年12月7日。全书厚达一千四百多页，能维持这样的更新速度，编纂能力是惊人的。这样一部工具书，当然是供人查阅，而非展读的。不过，梅贻琦既郑重钤印，自己留存，想来还是觉得它有用处。梅贻宝回忆，1945年赴美前曾到昆明看望兄长梅贻琦（按"大排行"，称为"五哥"），在兄嫂家住了一夜："临睡前给我搭了张行军床，借了条被，就设在五哥书架前……"（《5月19忆"五哥"》，收入《天南地北坐春风：家人眼中的梅贻琦》，石油工业出版社2018年9月版，第72页）梅贻琦家中有书架，证明藏书多少总会有一些，或许这册《1943年度政治家年鉴》即在架上，也未可知。

1948年12月21日，梅贻琦乘接运教授的飞机离开被围的北平。清华大学1938年级校友张起钧与梅贻琦同乘此机，他在1965年的回忆文章《临难不苟的梅贻琦先生》中称，12月14日即有离平的飞机，清华大学教授敦福堂教授向梅贻琦通报消息，"先生在听到此事，并弄清这架飞机并不是接他之后，他竟无动于衷，一如平日缓和低沉的声调，说是：他不预备去。虽经敦先生一再告以时局的危急，错过这架飞机，可能不会有机会，但他始终若无其事的谢绝了这建议。后来政府接梅先生和各位教授的飞机来了，他才把一切事安排妥帖后，从容不迫的提着一架打字机，拿着两本书走上飞机"（张起钧著《人海声光》，三民书局 1974 年 4 月版，第 53 页）。关于梅贻琦离北平一幕，赵赓飏《梅贻琦传稿》写的是，送行者"目睹先生只带手提打字机一架，别无长物，神情凄怆，默然登机"，而张起钧则提到梅贻琦还"拿着两本书"。张起钧为亲历者，他的话自然更可信从。那手上的两本书，不正好体现梅校长的读书人底色吗？只是他还有更多的书，留在北平，带不走了，其中就包括《1943 年度政治家年鉴》。

唐钺

《康德哲学》(*The Philosophy of Kant*)是一部流传甚广的书,编选者为加拿大的康德专家约翰·华特生(John Watson)。英文版是由华特生从德文选译的。1963年8月,商务印书馆出版了韦卓民由英译本转译的中译本,题为《康德哲学原著选读》。想来读过中译本的人很多。

我手边这本《康德哲学》英文版印刷于1908年,书前空白页有用钢笔写的英文签名"Yueh Tang",下署地点和日期"Cambridge, Jan 12, '18"。这是唐钺先生的旧藏。

唐钺1914年毕业于清华学校,随后赴美国康乃尔大学学哲学。1917年入哈佛大学研究院哲学部心理学系,1920年获博士学位。比照这段履历,我们就可知道,书上写的这个"剑桥"(Cambridge)是指美国麻省(今译马萨诸塞州)剑桥,也就是哈佛大学的所在地。1918年1月12日,就在唐钺进哈佛大学研究院哲学部度第一个寒假的时候。

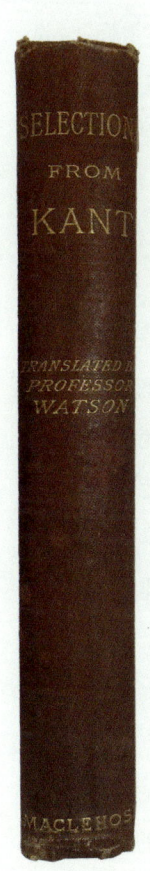

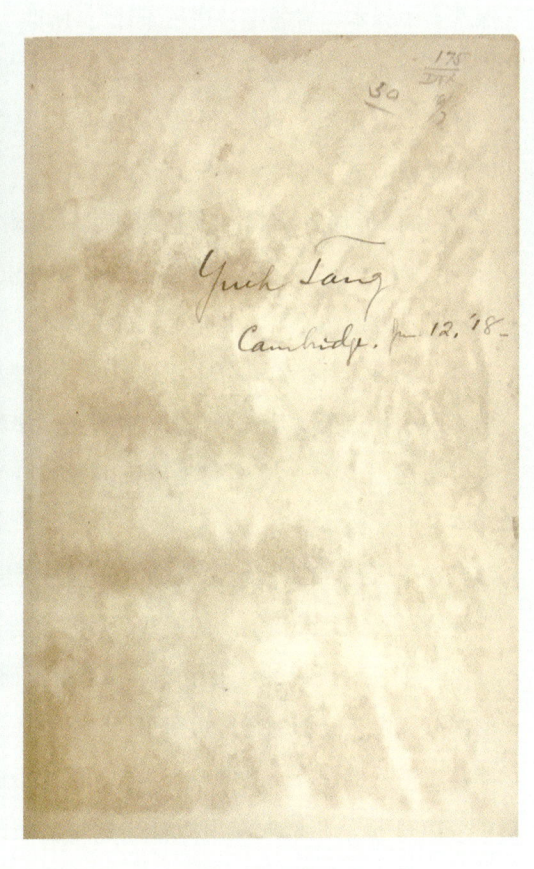

Yueh Tang
Cambridge, Jan. 12, '78.

现在的读者多半知道唐钺是位知名的心理学家，其实，唐钺并不专治心理学，他翻译过康德的哲学著作。1937年6月，商务印书馆出版康德的《道德形而上学探本》中译本，署的是"唐钺重译"。所谓"重译"，是指从英译本转译，隔了一重的意思。1957年10月，这个译本改订重版，仍然署"唐钺重译"，这是老辈的谦虚和严谨。

《道德形而上学探本》初版本"译者附言"中称："这本译文主要是根据阿博德（T. K. Abbott）英译本，但同时参考德文原著，和华逊氏的节译本（在他的《康德哲学》内）。"接着开列了三种书的版本信息。我们发现，所谓华逊的《康德哲学》，指的正是华特生《康德哲学》这本书——原来它是唐钺翻译《道德形而上学探本》的主要参考书之一。

在《康德哲学》英文版里，节选自《纯粹理性批判》的段落有几处铅笔画的竖线，以示重要，或许是唐钺早年读书时所标的。书中节选《道德形而上学探本》的部分，则有红钢笔在行边留下的许多红点、细线，可能是唐钺从事译事，参考该版本，斟酌去取时留下的。

1982年，北京大学出版社出版了唐钺的讲稿《西方心理学史大纲》。讲稿篇幅不大，只有两百多页。作者在《后记》（写于1981年4月）中称："这部稿在1965年写完后，本来拟即印行，因情况变化，只得把它搁起来。一直到最近,才能考虑将它出版。"由此可知,《西方心理学史大纲》成稿于20世纪60年代。稍一翻读,即可见意识形态烙印之深。书中给康德留出颇多篇幅,尽管康德对心理的直接论述并不多。然作者对康德的态度基本上都是否定性的,如谓:"康德虽然说心不是灵魂,但仍认为有超验的自我,这显然是换汤不换药。"又谓:"康德的这些思想除了认识的材料是由经验得来和客观有物自身存在这些看法有唯物主义因素之外,是错误的,唯心主义的。"再如:"康德的空间超验论引起了心理学中空间知觉的天生说,即认为空间知觉是生来就有的,不是从对外物的经验发展而来。天生说是错误的。"最后的总评谓:"康德甚至认为不能有科学的心理学,因为科学必须用数学处理材料,而心理理象由于只有一个变量(时间)不可能用数学处理。康德这个看法是片面的。同时,他这个看法对心理学的发展还带来了两个坏影响。第一,使有些研究心理学的人失却信心,看不到自己所从事的学科的前途;第二,使另一些研究心理学的人不根据自己所从事的学科的特点的发展水平,而勉强用数学方法处理不适合于数学处理,或者还不能用数学处理的问题与研究结果,以致陷入玄虚。"总之,似以康德学说为一无可取了。这部《西方心理学史大纲》近年仍在重印,窃惟殊无此必要。

毛子水

毛準，字子水，后以字行。1913年，毛子水考入北京大学理学预科，后升入本科攻读数学。毕业即在北大史学系任教。1932年，任北京大学图书馆馆长。金克木先生晚年写有《北大图书馆长谱》一文，对毛子水有如下记述：

> 他和傅斯年、顾颉刚、罗家伦、许德珩等人同是"五四"时期的北大学生，留学英、德，兼习文、理，回国任北大历史系教授，是当时唯一在文学院、理学院开跨院课程的人。三十年代初期北大课程表上我看见有他开的"历学"课，是历史系和数学系的学生都可以选修的。讲这门课需要懂得天文、历法、数学、中外历史。我偶然认识一位选这门课的数学系四年级学生。据他说，他上这"历学"课，增加了不少历史知识，没学到什么数学。学生的"口碑"是，毛先生在文学院是数学最好的，在理学院是史学最好的。在蒋梦麟主持北大

时，他兼任图书馆长。到台湾后不知他教什么。抗战时他在西南联大。我经昆明出国，他托人替我办了去缅甸的签证。我去看他，他胃痛，躺在床上。问他需要什么，他说："给我买一本莎士比亚吧。"后来我从印度托人带了一本剑桥大学版的小字单本《莎士比亚全集》给他，也不知带到了没有。(《少年时》，辽宁教育出版社1998年9月版，第6—7页)

尤令我发生兴味的是关于莎士比亚的这段轶事。它说明了两个事实：一是西南联大时期教授们真是无书可读了，连莎士比亚的戏剧、诗歌这样最习见的书都难寻了，其艰困可知；二是毛子水读书范围甚广，早岁修习数理，中年改治国学，而对西洋文学还葆有这样盎然的兴致，着实难得。

毛子水的藏书，友人周运兄在其《乘雁集》中有《"我国国学家中的知科学最深者"——毛子水购读的数理科学书刊》《国图的毛子水外文旧藏》《毛子水与〈伽利略全集〉》等三文加以详论，重点则在毛子水的数理科学藏书上。周运兄文中顺带提及的毛子水西洋文学类藏书，为但丁《神曲》的意大利文校注本、德文版威廉·舍雷尔（Wilhelm Scherer；关于此人，参本书"姚从吾"一节）著《德国文学史》及《海涅全集》一套，并无英文作品。

2023年2月，我买到一册萨克雷小说《亨利·艾斯芒德的历史》的英文版（*Thackeray's Esmond*），1914年英国麦克米伦公司印行。该书为"麦克米伦英文经典"（Macmillan English Classics）丛书之一种，大约是专为学生设计的，故书前有作者生平、情节梗概、角色介绍、历史年表等，书末还附三十几页的注释及索引，颇便初学。此书中多处钤一圆形小印，只有黄豆粒那么大，是篆文"子水"二字。书前空白页贴有日本丸善书店的售书签。鲁迅、周作人等"五四"一代学人均习惯通过丸善书店邮购西文书籍。我猜，这是毛子水早年在北大读书时从丸善订购的英文读物。

此外可注意者，书脊下方贴有一张近似图书馆上架签的蓝框方形纸条，上有蓝色钢笔所书"代1/721"字样。周运兄在《姚从吾西方史学藏书点滴》一文中曾指出："姚从吾的这些藏书除了部分有藏书章和签名之外，还有个特点，就是在书脊下部贴着手写的'代1/123'一类数字编号的标签，很像图书馆藏书的书标……"（《乘雁集》，上海文艺出版社2021年11月版，第111页）依此来看，这册书很有可能是作为姚从吾旧藏留存大陆的。

姚从吾于1970年逝世后，毛子水写了《忆念姚从吾先生》一文追怀故友，开篇道："我和姚从吾先生，虽同为民国九年（引者按：1920年）的北大毕业生，

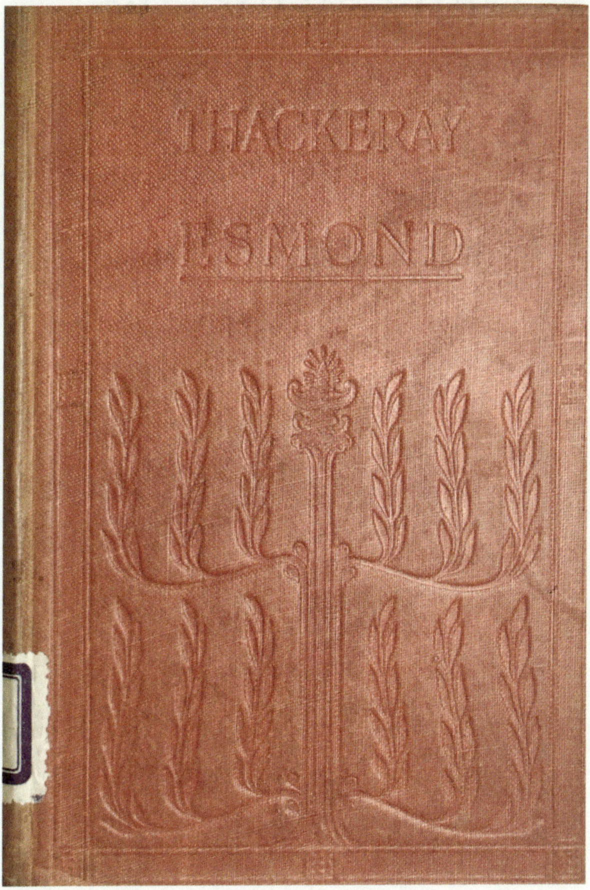
THACKERAY
ESMOND

THACKERAY'S ESMOND

With Introduction and Notes

MACMILLAN AND CO., LIMITED
ST. MARTIN'S STREET, LONDON
1914

但我的认识他则在十一年（引者按：1922年）的秋天。那年，我们二人同为北大史学系考选赴德留学；因而相识，成为平生常在一起的朋友。岁月匆匆，已将满半世纪了。我们初到德国数年内，和我们晤谈最多的友人，有傅孟真（引者按：傅斯年）、陈寅恪、罗志希（引者按：罗家伦）、孔云卿（引者按：孔繁霱）、冯文潜、俞大维等。虽所学不同，而都在文、史、哲的范围内。当时谈论的乐趣，四十余年来记忆犹新。后来从吾于听课以外，又兼任柏林（后转波恩，又回柏林）大学东方部的讲师，而我则染上逛旧书店的嗜好，所以相见稍疏。不过当年这几位时常在一起谈天的友人，虽志业不同，而在切磋学问上则可以说都是终身的朋友。"（《姚从吾先生哀思录》，第51页）

姚从吾、毛子水既是常在一起的朋友，两个人又都爱购书、读书，想来在书籍方面也有"互通有无"的情形。我推测，这册萨克雷的小说是毛子水借给或赠给姚从吾的，也许算他们的友谊的一个证物。

说到《亨利·艾斯芒德的历史》，它在当代中国读者间显然远不如《名利场》受欢迎。不过，有些西方学者对这部历史小说的评价却很高。美国作家威廉·约瑟夫·朗恩（William Joseph Long）在《英国文学史（1620—1900）》里称："这本小说虽然名气不是最大，读的人也不是最多，却是他最好的小说。细腻的历史和文学风格是这部作品的鲜明特色之一，只有了解18世纪历史和文学的读者才能欣赏其价值。"（王小平译，社会科学文献出版社2023年7月版，第311页）小说在哀感顽艳的情感主线外也描写了18世纪的有名文人，如《旁观者》杂志的艾迪生、斯蒂尔和《格列佛游记》的作者斯威夫特，或许这才是吸引毛子水、姚从吾一读的原因所在。

2021年9月，我还买到过一册毛子水旧藏的英文书。书名《初等逻辑》（*Elementary Logic*），美国吉恩（Ginn）出版公司1941年出版，作者是后来鼎鼎大名的分析哲学家蒯因（Willard Van Orman Quine，1908—2000，又译奎因），当时他还只有33岁而已，任哈佛大学哲学系副教授。《初等逻辑》大概被作者设定为大学教材，每一节后面都附习题若干。不过，对现代逻辑学略有所知者应该明白，虽曰"初等"，这样的教材其实是不易读的。中国人民大学出版社曾于2007年推出六卷本的《蒯因著作集》，宣传语称"收入了蒯因的绝大部分逻辑论著和哲学论著，只有少数论著未收入"。《初等逻辑》正属于那"少数论著"。逻辑学，介于数理科学与哲学之间，依毛子水的阅读兴趣看，他会读这本书是不让人意外的。

《初等逻辑》书名页钤红色白文篆印"毛準"。在书的末页空白处，另钤一方朱文篆印"文思安安室图

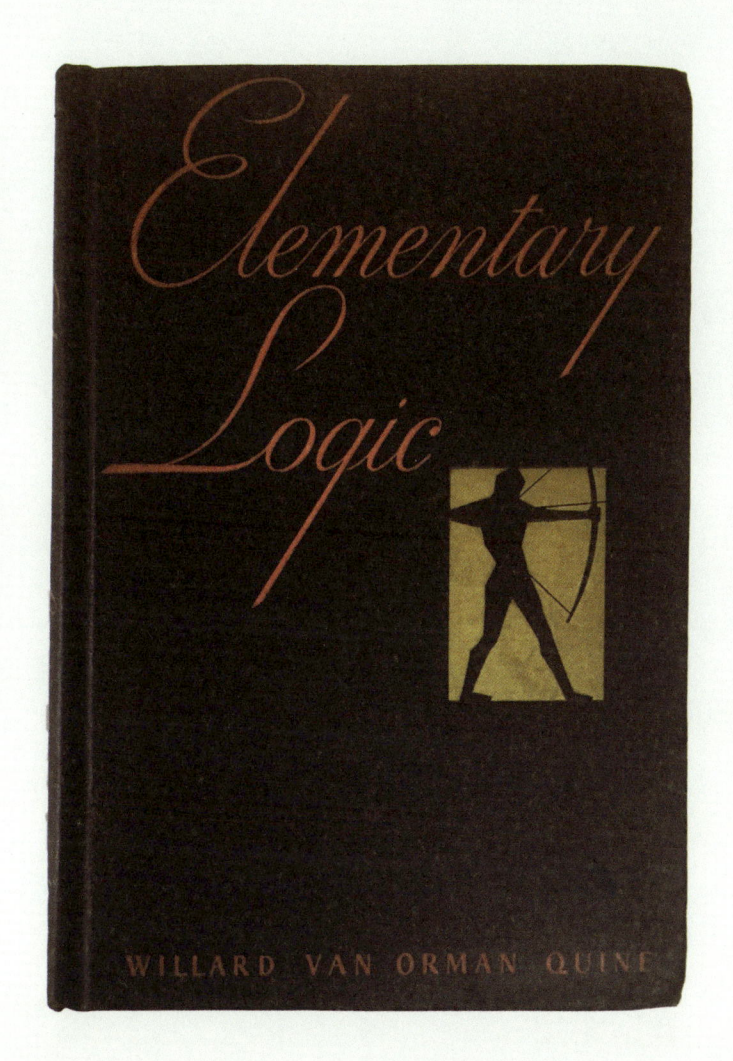

Elementary Logic

WILLARD VAN ORMAN QUINE

ELEMENTARY LOGIC

By WILLARD VAN ORMAN QUINE

ASSOCIATE PROFESSOR OF PHILOSOPHY, HARVARD UNIVERSITY

GINN AND COMPANY
BOSTON · NEW YORK · CHICAGO · LONDON · ATLANTA
DALLAS · COLUMBUS · SAN FRANCISCO

书"。"文思安安"一语出自《尚书·虞书·尧典》。据友人宋希於兄见告,"文思安安室"也是毛子水的斋号,1941年8月15日在重庆出版的《文史杂志》第一卷第八期所载毛子水文章《汤誓讲义》,副标题即作"文思安安室存稿之一"。

1949年初,毛子水匆匆飞离北平,藏书未及带走。除部分善本精本今入藏中国国家图书馆、北京大学图书馆外,散佚于北京旧书市场者众。予所得者,恐不过戋戋子遗而已。

吴十洲《归去来兮:那些去往台湾的文化名家》一书记述:"2008年1月,江山市人大领导赴台湾看望了毛子水夫人张菊英。为支持毛子水故居陈列事宜,张菊英将毛子水生平资料分13箱装好寄往她在浙江舟山的外甥女刘静波家。可惜这些资料在从台湾运往舟山的途中丢失了七箱。2月中旬,江山文化部门的工作人员到舟山接收了刘静波女士剩余的六箱捐赠,并举行'毛子水藏书捐赠'仪式。这批文物资料有:毛子水的手札、印章、书籍、照片……"(《归去来兮:那些去往台湾的文化名家》,社会科学文献出版社2016年5月版,第152页)相信这里提及的"藏书"为毛子水在台所得,而非早年的那些了。

张申府

现在，知道张申府先生名字的人，大概记得他是中国共产党早期创始人之一、是北大、清华的哲学教授、是终生不渝的罗素研究者。其实，张申府还是爱因斯坦相对论在中国的早期传播者。关于张申府与相对论这一题目，以前有人写过，但讹误难免。现借助一点新的材料，将其事重新梳理一过。

1919年，爱丁顿等人利用5月29日的日全食观测结果，证实了广义相对论。当年，中国就有了通讯报道。1920年3月的《少年世界》杂志刊出了张申府的文章《科学里的一革命》，对相对论做了评述，这也是受了罗素的影响。张申府晚年在《所忆》中记述，称《少年世界》"登过我写的很冗长的一篇介绍安斯坦（爱因斯坦）的相对论的文字。那时相对论刚刚轰动于世，我那篇东西是一篇最早的在中国通俗解说相对论这个崭新理论的文字"。张申府这篇介绍相对论的文章，算不算"最早的"，恐怕还有争议，不过，说它是最早的几篇谈相对论的中文文章之一，应该错不了。

1920年年底，张申府到法国留学，1922年，又到了德国。在《中国共产党建立前后情况的回忆》一文中，张申府写道："到德国后，我的薪金没有了，只能靠卖稿子生活。我给商务印书馆翻译了一本爱因斯坦著的《相对论》，得到一些稿酬（后未见此书出版）……"有些学者据此宣称张申府译过爱因斯坦著的《相对论》。其实，这段记述是错的。记述无误的文字见于长文《我的教育、职业、活动》。在关于1921年的一段中，张申府写道："生活不能维持，后乃翻译了维也纳大学狄令格（Thirring）教授作的一本《相对论大意》（*Die Idee der Relativitatstheorie*），经时正旅欧的前北大教授章士钊介绍给商务印书馆，得了一笔稿费，赖以度过一时，此书却始终未出版。"另有旁证，见于1935年5月14日出版的《清华周刊》所刊张申府文章《新哲学书》，文中提及一本狄令格与人合著的量子力学著作，张申府写道："Thirring也尝讲物理的基础原理及方法问题。又曾作书讲相对论，最得要，最逻辑，最有条理。十年前吾已节译之，但迄未得出版。"借此可知，张申府在德国译过的书是狄令格的《相对论大意》，且为节译。

张申府持续关注相对论的理论发展。1928年1月8日《世界周刊》发表张申府译的罗素《什么是物质》，选自罗素的著作《相对论ABC》。

张申府著述中关于相对论的文字，大体就是上引的这么多。那么，他跟相对论的关系还有没有别的证物呢？

2020年年初，一些张申府旧藏的外文书刊流出，我买到几种，其中恰好有与爱因斯坦及相对论相关者。这些书和单篇论文，都是德文的。

书有两本，一是埃尔温·弗罗因德里希（Erwin Freundlich）著《爱因斯坦引力理论基础》（*Die Grundlagen der Einsteinschen Gravitationstheorie*）增订第四版，一是马克斯·玻恩（Max Born）著《物质的结构》（*Der Aufbau der Materie*）修订第二版。埃尔温·弗罗因德里希是爱因斯坦的弟子、追随者，马克斯·玻恩是获过诺贝尔物理学奖的大物理学家，他跟爱因斯坦的私人关系也极密切，曾著《爱因斯坦的相对论》一书。在这两本书正文末页的角落里，均钤一方很小的白文印，为"申府"二字。

另有单篇论文四册，虽无钤印，但因为来源相同，相信也是张申府的旧物。这些论文，有一篇是爱因斯坦谈黎曼几何的，发表于1928年；还有两篇是爱因斯坦与梅耶（W. Mayer）合著的《引力与电的统一理论》《二论引力与电的统一理论》，分别发表于1931年、1932年；另一篇是物理学家马克斯·冯·劳厄写的，也与爱因斯坦有关，发表于1923年。

这些书和论文的存在，可以证明张申府对爱因斯坦

Die Grundlagen der Einsteinschen Gravitationstheorie

von

Erwin Freundlich

Mit einem Vorwort

von

Albert Einstein

Vierte, erweiterte und verbesserte Auflage

Berlin
Verlag von Julius Springer
1920

— 86 —

8) *E. Madelung*, Phys. Z. **19**, S. 524, 1918. S. auch *P. P. Ewald*, Ann. d. Phys. (4). **64**, S. 253, 1921.
9) *M. Born*, Verh. d. D. phys. Ges. **21**, S. 13, 1919.
10) *K. Fajans*, Verh. d. D. phys. Ges. **21**, S. 539, 1919.
11) *J. Franck* und *G. Hertz*, Verh. d. D. Phys. Ges. **13**, S. 967, 1911; **14**, S. 167, 1912; **15**, S. 34, 373, 613, 929, 1913; **16**, S. 12, 457, 1914. — Zusammenfassende Darstellungen mit Literaturübersicht: Physik. Z. **17**, S. 409, 430, 1916; **20**, S. 132, 1919; **22**, S. 388, 409, 441, 466, 1921.
12) *N. Bohr*, Phil. Mag., Ser. 6, Vol. **26**, S. 1, 476, 1913.
13) *M. Planck*, Vorles. über die Theorie der Wärmestrahlung (Leipzig, Joh. Ambr. Barth, 1921). Eine Übersicht über den heutigen Stand der Quantentheorie bietet das Planckheft der Naturwissenschaften **6**, Heft 17, S. 195, 1918.
14) *J. Franck* und *G. Hertz*, Verh. d. D. Phys. Ges. **16**, S. 512, 1914.
15) *J. Franck* u. *E. Einsporn*, Z. f. Phys. **2**, S. 18, 1920.
16) *J. Franck*, Z. f. Phys. **5**, S. 428, 1921.
17) *W. Steubing*, Ann. d. Phys. **64**, S. 673, 1921.
18) *Eder* u. *Valenta*, Beiträge zur Photochemie und Spektralanalyse, S. 358.
19) *M. Born* u. *W. Gerlach*, Z. f. Phys. **5**, S. 433, 1921.
20) *M. Born*, Verh. d. D. phys. Ges. **21**, S. 679, 1919.
21) *K. Fajans*, Verh. d. D. phys. Ges. **21**, S. 714, 723, 1919.
22) *F. Haber*, Verh. d. D. phys. Ges. **21**, S. 750, 1919.
23) *P. Knipping*, Z. f. Phys. **7**, S. 328, 1921.
24) *Foote* u. *Mohler*, Journ. Amer. Chem. Soc. **42**, S. 1832, 1920.
25) *F. Haber*, Sitzungsber. d. Preuß. Akad. d. Wiss. **30**, S. 506, 1919.
26) *K. Fajans*, Verh. d. D. phys. Ges. **21**, S. 549, 709, 1919.
27) *M. Born*, Verh. d. D. phys. Ges. **21**, S. 533, 1919.
28) *M. Born* und *E. Bormann*, Verh. d. D. phys. Ges. **21**, S. 733, 1919.
29) *M. Born* und *E. Bormann*, Z. f. Phys. **1**, S. 250, 1920.

Druck der Spamerschen Buchdruckerei in Leipzig.

理论的关注是长期而密切的。事实上，读过张申府的著述，又见识了他的部分藏书后，我可以很有把握地说，论对西方学术（尤其是哲学和物理学）著作、期刊的搜罗之勤、采择之广，中国现代学者无出张申府之右者。几乎可以说，张申府是中国前网络时代可坐头把交椅的"西学文献狂人"。尽管自身学术造诣有限，但我们不能不佩服这样一位"通人"，毕竟今天又有多少学者同时懂分析哲学和相对论呢？

梁漱溟

梁漱溟学问根柢，在儒学与佛学，其于西学，似未深入堂奥。梁漱溟在《我的自学小史》中回忆："我七岁，北京第一个'洋学堂'出现，父亲便命我入学……可惜我从那幼小时便习英文而到现在亦没有学好。"英文未学好，恐非谦辞。限于语言能力，梁漱溟读西学书，多选汉译本。当然，他也曾有意识地研读一些英文原著，但理解的程度当有限。

2019 年，我得到一册出版于 1918 年的英文旧书：威廉·詹姆斯（William James）的《心理学原理》（*The Principles of Psychology*）第二卷。书名页左下角钤朱文楷书印"勉仁斋"。勉仁斋为梁漱溟斋号，据其子梁培宽、梁培恕介绍，这一斋号 1925 年即已用之，20 世纪 30 年代至 70 年代的读书笔记也不时冠以"勉仁斋读书录"之题，1988 年他去世当年曾有一本小册子《勉仁斋读书录》出版（《勉仁斋与梁漱溟的读书录》，收入梁漱溟著《人生至理的追寻》，当代中国出版社 2008 年 1 月版）。这册英文《心理学原理》应系梁漱

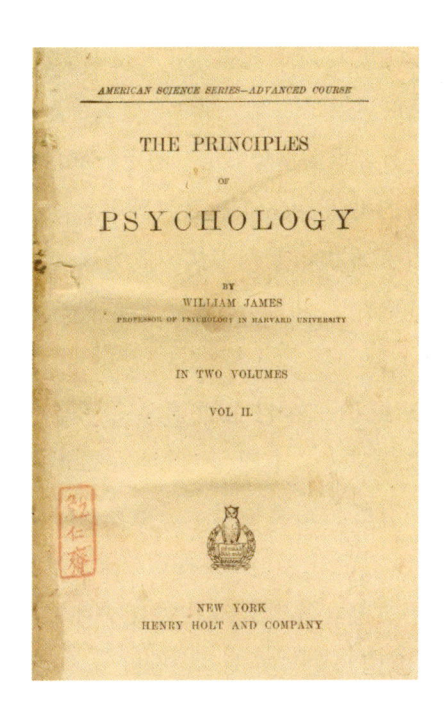

溟旧藏。

1947年，梁漱溟居重庆北碚，以其为灵魂人物的勉仁国学专科学校创立，次年改组为勉仁文学院。据说，勉仁文学院附设勉仁斋图书馆，为梁漱溟私人筹建，藏书6万余册。1950年初，梁漱溟入北京，同年11月，其犹致函典守勉仁斋图书馆之学生张拱卿，嘱其护持书籍弗失。讵料梁漱溟一去不返，遂"将多年来购存书籍的大部分约三万余册捐赠重庆罗斯福图书馆（原存北碚勉仁书院）"（李渊庭、阎秉华编著《梁漱溟年谱》第249页），余者据说给了勉仁中学。

我手上的这册《心理学原理》第二卷，无图书馆藏印，而末页有"重庆嘉陵书店"的定价章。按，资料显示，重庆古旧书店1966年改名嘉陵书店，1977年7月嘉陵书店并入重庆市新华书店，成为该店古旧图书门市。如是，则此书20世纪60至70年代曾流落重庆之旧书肆。

书中无批语，然目录页第十七（首章）、二十、二十一、二十三、二十四、二十五、二十六、二十八章（末章）有红色铅笔标识，诸章涉及时空感知、直觉、情感、意志等主题。疑此标识为梁漱溟所加。梁漱溟晚年读书有画红线者，如1972年7月22日日记载："早起阅《中国问题》英文本，画红线。"又据梁漱溟之孙梁钦宁自述，梁漱溟曾"手里拿着一本上海一家出版社的书，书还折了角。只见祖父打开折角的地方，翻开给我看，还用红铅笔将题目勾勒出来"（《解放日报》2016年1月18日）。

梁漱溟很早就留意威廉·詹姆斯的著作。1921年的《东西文化及其哲学》第四章、第五章都曾提及其名，如谓："詹姆士一面反对一元主义，一面说他的实际主义就是一个息止形而上学无谓纷争的方法。"在1937年的《朝话》"中西学术之不同"一节中，梁漱溟也谈道："美国詹姆士、杜威与柏氏（引者按：指柏格森），虽非同一学派，但皆曾得力于生命观念，受生物学影响，而后成其所学。"文中"詹姆士"皆指威廉·詹姆斯。

从五十年代起，梁漱溟有意续成《人心与人生》一书，先后阅读了几十种西方心理学相关著作，其中有涉及威廉·詹姆斯者，甚至就有《心理学原理》一书，但系汉译本。1953年3月28日日记："阅《六大心理学》之'詹姆士'一章。"所谓《六大心理学》，指崔载阳编著《近世六大家心理学》（商务印书馆1926年初版，后多次重印）。1966年2月6日日记："八时后去图书馆阅书（《心理学原理》《意识论》）。"2月7日日记："去新华书店购《心理学原理》《纯粹理性批判》《实践理性批判》《西洋伦理学选》《精神现象学》等六种。"其中的《心理学原理》，指1963年9月由商务印书馆出版的詹姆士著、唐钺译《心理学原理（选译）》。2月9日日记："晚饭后阅《心理学原理》讲'习惯'一章，讶其所谓习惯之太宽，赏其后半论习惯之用。"唐钺的选译本，排在最前面的就是关于习惯的一章。2月11日、12日日记，均有阅读《心理学原理》之记录。

最终成书的《人心与人生》，引用了《心理学原理》中的段落。在第十章中，梁漱溟写道："人心自是能静的，其与静相反者则感情冲动也。感情冲动属身之事。著名心理学家詹姆士（James）曾说过：'没有身体表现的人类感情根本没有'；他且指出所有种种感情都是身体内起变化，每一变化都起自于刺激的反应。"后有附注："据唐钺译《西方心理学文选》（北京科学出版社 1959 年版）第 169—171 页。原书为 B. Rand 编著，其中詹姆士各段则取自其《大心理学》的节本。"所谓《大心理学》，即《心理学原理》一书。唐钺译《西方心理学文选》，梁漱溟日记中有阅读记录。1970 年 5 月 23 日日记："阅《心理学名家文选》。"

20 世纪 60 至 70 年代，梁漱溟也曾下决心以英文原著与汉译本对照的方式研读他选中的几部西方著作，但效果未必如人意。如读柏格森《创化论》（今译《创造进化论》），1970 年 10 月 27 日日记："阅英文《创化论》（与中文对照）。"11 月 4 日日记："阅英文《创化论》甚吃力。"又如读罗素书，1972 年 7 月 14 日日记："……罗素《中国问题》一书（英文本），阅之艰涩。"由此可知，梁漱溟的英文水准不高，读英文专门著作有困难。

威廉·詹姆斯《心理学原理》一书，卷帙繁重，近年方有汉译全本。可以想见，这册《心理学原理》英文原著，即便留在梁漱溟身边，他读起来恐怕也会感到"艰涩""吃力"的。但是，哪怕如此，能以英文本与汉译选本对照着读读总归是好的。梁漱溟应该想不到，在他最需要这册书的时候，它也许正躺在重庆的旧书肆里，等待着被人翻开书页。拉丁谚云，书自有其命运（"Habent sua fata libelli"）。书之"一生"，亦自有其"遇"与"不遇"。这册《心理学原理》，在过去的七十年里，承受的便是流离、等待、怀才不遇的命运罢。

洪业

1914年8月，24岁的清华毕业生李绍昌留美，入耶鲁大学，从二年级读起。他修习的课程有五门：英文学、逻辑学、生物学、经济学、德文。李绍昌学德文大概颇下功夫，他在1914年11月14日（星期六）的日记里就写了"十时至十二时在房中自修德文"。1915年5月1日，李绍昌也许感到有必要找德文读本看一看，于是在纽黑文的一家书店买了本有英文注释、附生字表的德文书。此书是牛津大学出版社北美分社那年刚出版的，书名叫《笑的土地》（*Lachendes Land*），收入德国作家恩斯特·冯·维尔登布鲁赫（Ernst von Wildenbruch, 1845—1909）的三篇短篇小说。这位喜欢宣扬德意志爱国主义的作者现在早被人遗忘了，但当时他的小说作为德文读本，似乎颇受英美读者欢迎。

1915年秋，22岁的福州鹤龄英华书院毕业生洪业留美，入俄亥俄州卫斯良大学，从三年级读起。卫斯良大学是间乡下的小学校，整个氛围是基督教的。1916年夏，据陈毓贤《洪业传》记述："洪业与其他在美国

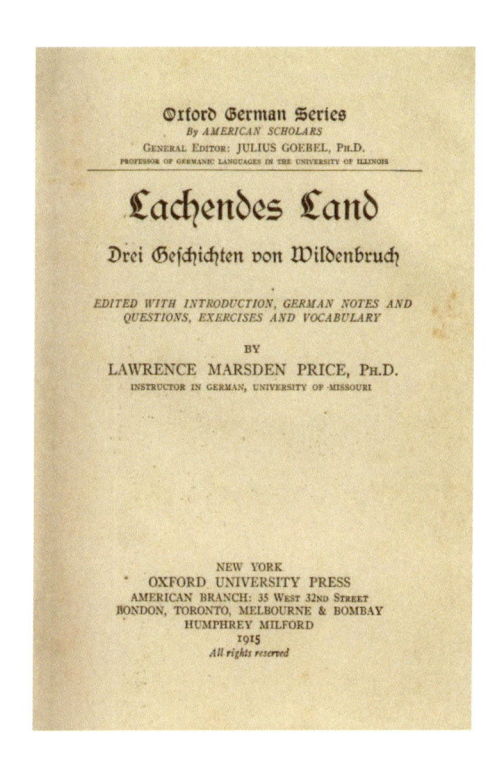

> **Oxford German Series**
> By AMERICAN SCHOLARS
> GENERAL EDITOR: JULIUS GOEBEL, PH.D.
> PROFESSOR OF GERMANIC LANGUAGES IN THE UNIVERSITY OF ILLINOIS
>
> ## Lachendes Land
>
> Drei Geschichten von Wildenbruch
>
> EDITED WITH INTRODUCTION, GERMAN NOTES AND
> QUESTIONS, EXERCISES AND VOCABULARY
>
> BY
>
> LAWRENCE MARSDEN PRICE, PH.D.
> INSTRUCTOR IN GERMAN, UNIVERSITY OF MISSOURI
>
> NEW YORK
> OXFORD UNIVERSITY PRESS
> AMERICAN BRANCH: 35 WEST 32ND STREET
> LONDON, TORONTO, MELBOURNE & BOMBAY
> HUMPHREY MILFORD
> 1915
> All rights reserved

的中国留学生也联络上了。那一代的中国留学生踌躇满志，对自己将来在中国的地位非常有信心。在一个国际青年会举办的夏令营中，洪业结交了好几个中国基督徒……"这个夏令营，由世界基督教青年会主办，在马萨诸塞州北田村（Northfield）举行，李绍昌前一年就参加过——李绍昌也信仰基督教。洪业跟李绍昌很可能就是在这次的夏令营中相识的。李绍昌后来在他的回忆录《半生杂记》中追忆1916年的夏令营活动："在

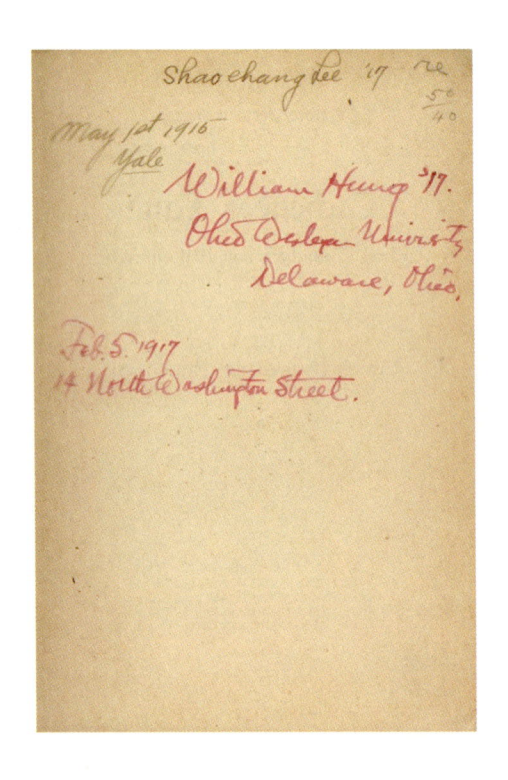

北田村一星期，朝夕得与故知新交聚首谈心，又得聆名人伟论，快慰之极。"他还记下当时每天的安排，其中，"十时三十分，中国留美基督教学生会聚集，讨论将来回国，如何服务国家人群"。

也许就是在夏令营中，要么是稍后通过邮寄，那册德文读本《笑的土地》，从李绍昌那儿传到了洪业手上。在书前的空白页上，于李绍昌签名下，洪业用红墨水笔写下英文："William Hung 17' / Ohio Wesleyan

University / Delaware, Ohio / Feb. 5. 1917 / 14 North Washington Street"("洪业，一七级 / 俄亥俄州卫斯良大学 / 特拉华，俄亥俄州 / 1917 年 2 月 5 日 / 华盛顿北街 14 号")。洪业比李绍昌晚一年到美国，但入学时他插入三年级，李绍昌入学念的二年级，所以他们是同一年毕业，也就是 1917 年，同属"一七级"。至于"华盛顿北街 14 号"，可能是洪业当时的住址，这个地址到今天还在。

洪业在俄亥俄州卫斯良大学读德文的情形，吴景键先生在《为洪业先生早年美国生活做一"引得"》（《澎湃新闻·私家历史》2016 年 7 月 1 日）一文中曾谈及。该文提到洪业当年用过的书《德语作文》，签名显示日期为"1916 年 11 月 16 日"（引者按：原文讹为"1914 年"），这是稍早于《笑的土地》的。而另一本保尔·海泽（Paul Heyse）著《犟妹子》，是跟《笑的土地》一样，属于英文注释本德文书，洪业记录的日期为"1917 年 8 月"，则迟于《笑的土地》。可见，洪业攻读德文，持续颇久。

1917 年的青年会夏令营，李绍昌、洪业都参加了，《半生杂记》中记夏令营"第五日步济时君及洪偎莲（引者按：原文如此）兄演说基督教本身之问题与中国改良社会问题之关系"。1917 年秋，李绍昌入纽约哥伦比亚大学师范学院，洪业也进了哥伦比亚大学，学历史，他们成了同校同学。李绍昌、洪业、陈鹤琴、李士衡等哥大同学曾组织纽约华埠的童子军。

1922年，李绍昌到了檀香山，在夏威夷大学任教，此后他长期居此，成为汉学界穿针引线之人。1923年8月，洪业离美，到燕京大学执教。二人分袂后，其实还见过多次，如1927年夏，太平洋国交讨论会在檀香山举行，李绍昌、洪业都是中国代表。1928年，李绍昌回国省亲，10月到北平，设筵款待者的名单里有"洪煨莲"。据《半生杂记》，1930年8月9日，"洪煨莲兄、陈福田兄等来檀，彼此纵谈时事数天。"1930年这次，是洪业在哈佛客座一年结束的归途中。陈毓贤《洪业传》里写："洪家回中国取道夏威夷，洪夫人是在夏威夷长大的，而洪业早一年曾接到夏威夷大学的聘书，他虽谢绝了，但对此地也特别留恋。"夏威夷大学的聘书，相信不可能与李绍昌的斡旋完全无关。

1946年4月，洪业离平赴美，此后再没回过祖国。1947年春，洪业曾到夏威夷大学短期执教，或许也有李绍昌的因素在其中。据说在夏威夷洪业讲的是杜诗。只是没多久，他就又搬回哈佛了。

李绍昌、洪业的交谊，此前隐而不彰，借着这本德文小书，倒得以钩沉一二。那么，这本小书，洪业后来再没翻阅过吗？不是的，他不仅重读了，还读了两遍。

《笑的土地》书中，铅笔英文批注殆满，虽然多为

78 Lachendes Land

Ein Händler mit warmen Würstchen erschien auf dem Platze, und obschon mich sonst der Gedanke an etwaiges Pferdefleisch von diesem Genusse fernhielt, kletterte ich eilends vom Bocke und erstand ein Paar von seinen braunen Pflegebefohlenen. Ich wollte sie auf dem Bocke verzehren.

„Könnten Sie mir vielleicht etwas Papier geben," fragte ich, „damit ich mir die Würste einwickle?"

Der Wurstmann sah mich verdutzt an: „Namu?" sagte er, „Aujust? Papier?"

Ich bemerkte, daß ich mich verriet. Deshalb wandte ich mich rasch ab, und da in dem Augenblick der Schuhmann erschien, händigte ich demselben meine Marke ein. Dann kletterte ich wieder meinen Bock und verzehrte meine Würste.

Kaum war mein Magen auf diese Weise erwärmt und beruhigt, so stellte sich ein allgemeines Behaglichkeitsgefühl ein, ich rückte mich in die Ecke des Bockes, wickelte mich fester in den Mantel und — schlief ein.

Ein furchtbares Geschrei erweckte mich.

Der Zug war angekommen, die Droschken rechts und links von mir fuhren rasselnd ab; unter der Bahnhofshalle stand ein Mann, der mit dröhnender Stimme „Eintausendzweihundertzweiunddreißig!" brüllte.

Er schien dieser Beschäftigung schon seit längerem obzuliegen, denn er war ganz tot und blau im Gesicht.

„Sehr gut," sagte ich lächelnd zu mir selbst, „da ist ein Passagier, der seine Droschke nicht findet; voraussichtlich wird sich ein Wortwechsel zwischen ihm und dem Kutscher entspinnen; dabei werden die schönsten Berliner

Lachendes Land 79

Originalwendungen und Redensarten zutage kommen. Romandichter, paß auf, laß Dir nichts entgehen."

„Eintausendzweihundertzweiunddreißig!" erscholl es wieder; ich sah mit dem Rufer genauer an: es schien ein Handlungsreisender zu sein; ein Haufen von Koffern, Köfferchen und Mustertaschen lag um ihn her am Boden.

Schmunzelnd blickte ich umher. „Eintausendzweihundertzweiunddreißig scheint sich eines gesegneten Schlafes zu erfreuen," dachte ich bei mir.

In diesem Augenblick scholl es dicht an meinem Ohre:

„Zwölf zweiunddreißig — na, oller Dusselkopp, sitzt Du denn auf die Ohren?"

Ich fuhr herum — einer der Jungen, die sich beschäftigungslos auf Bahnhöfen herumtreiben, um Passagieren beim Auffinden von Droschken zu helfen, hatte die Tür meiner Droschke aufgerissen.

Donner — es fiel mir ein — ich selbst war ja Nummer Eintausendzweihundertzweiunddreißig.

Noch bevor ich dazu gelangt war, dem naseweisen Schlingel ein verweisendes Wort zu erwidern, rückte mein Fahrgast, jetzt ganz blau im Gesicht, auf mich an.

„Na sagen Sie mal," fuhr er mich an, „Sie haben wohl Ihre Ohren zu Hause gelassen? Eine halbe Stunde stehe ich hier und schreie mir nach Ihrer verfluchten Nummer die Lunge aus!"

Ich bebte vor Zorn.

„Mein Herr," sagte ich, indem ich mich vom Bocke zu ihm niederbeugte, „vor allen Dingen werde ich Sie dringend ersuchen, sich eines angemessenen Tones zu bedienen!"

生字释义，但亦不难想见读此书者认真勤恳之状。在德文正文之末，有英文题识两则，一曰："July 22, 1941. I finished reviewing this book which I studied 24 years ago. William Hung"（"1941 年 7 月 22 日。重读此书一过，距予初读二十四年矣。洪业"）；另一曰："Once more over, Finished, Aug. 11, 1941"（"再读一过，1941 年 8 月 11 日毕事"）。书中密密麻麻的批注与题识笔迹一致，当然也是洪业留下的，不过已分不清是 1917 年 24 岁的他写下的，还是 1941 年 48 岁的他写下的，或许二者兼有罢，毕竟洪业就属于下苦功读书的那一代人。

1941 年七八月，这个时间点，也耐人寻味。前一年，洪业刚去了美国一趟，还在母校俄亥俄州卫斯良大学接受了名誉博士学位。1941 年 1 月才回到国内。他重回母校的见闻，是否勾起了当年求学的回忆，因此才找出那时的读物来重新翻阅呢？而在重读两遍之际，洪业不可能想得到，就在四个月后，日本联合舰队偷袭珍珠港，这册小书的第一任主人就生活在离那儿非常近的地方；而他自己呢，因为太平洋战争的爆发，还有一百四十一天的牢狱之苦在前头等着。

吴宓

2023年7月的一天,我如常在旧书网上"闲逛",看到一部绿色封面的精装本英文小说,为美国作家辛克莱·刘易斯(Sinclair Lewis)所著《大街》(*Main Street*)。书前的空白页上,有黑色钢笔写就的英文批语,工工整整,写满一页。由于《大街》这书实在太常见——"满大街都是"——起先我未甚留意。忘了过了多久,也许是当晚,也许是第二天了,又想起那页批语,找出再看了看。愈看愈觉此读者绝非凡品,到第五段,Chinese(中国的)一词跃入眼帘——原来,这是位中国人写的。再辨认书名页上钤的那枚白文印章:"吴学淑印"。吴学淑,不是吴宓先生的长女吗?莫非此书与吴宓有关?遂将书订下。

收到书后,发现不只有那页批识,内文从头到尾尚有多处红笔划线和黑钢笔眉批、旁批。简短的批语,有英文写的,也有中文写的。我搜集来不少吴宓墨迹的图片,做了一番比对,尤其是英文笔迹的比对,确认这部《大街》上的批语均为吴宓所写。整页的批识,笔迹风

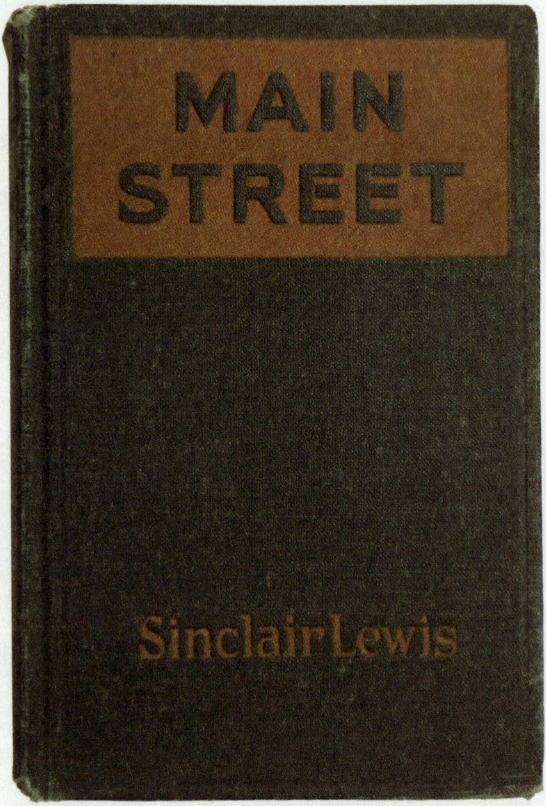
MAIN
STREET
Sinclair Lewis

"Main Street" — the American "Madame Bovary". Difference between the American & the French Novel: Chiefly, the Moral point of view, the Total & sane view of life, VS Ruthless realism. A more general picture of society VS Strict & artistic treatment of a single episode or idea. Cf. George Eliot's "Middlemarch".

"Main Street" — the Modern "Don Quixote". The Conflict between the Ideal (Carol Milford) & the Real (Gopher Prairie). Dr. Kennicott = Sancho Panza. The Disillusion is not complete, and therefore not disheartening. (See P. 451, ¶ 4).

"Main Street" Signifies American Provincialism (cf. "Middlemarch") and other typical American traits. The Merits and Defects of the American people shown. (Puritanism + Frontier Spirit). Representative of an entire great Modern Nation. Truths of its description.

In a way Carol Kennicott illustrates the life of every man & woman. "Main Street", a lyric poem in prose. (cf. "The Old Wives' Tale") The Career & Experience of an aspiring idealist.

A suggested Chinese parallel. Personal opinions & comments: Difference between Chinese girl students and Carol Kennicott, due to (1) Tradition & customs (2) National character.

The political & social opinions in "Main Street" — not seriously maintained: the point of view of Human nature & character. Contrast "The Patrician". Carol represents the Liberal, a little radically inclined.

格最接近吴宓1932年写给赵萝蕤的一封英文信（见方继孝著《碎锦零笺：文化名人的墨迹与往事》，山东画报出版社2009年4月版，第45页），几乎说得上一望即知。

据《吴宓自编年谱》，从1921年9月起，吴宓在东南大学讲授四门课程，其中"英国小说"一课，"全学年讲读小说四部"：哥尔斯密的《威克菲牧师传》、简·奥斯丁的《傲慢与偏见》、狄更斯的《大卫·科波菲尔》和萨克雷的《名利场》。到1925年，吴宓就任清华国学研究院主任，并在清华西洋文学系任教。他在1925年4月15日的日记中写道："下午授'英文小说'（二小时）。书如下：1. *Tom Jones*。2. *Vanity Fair*。3. *Pride and Prejudice*。4. *Richard Feverel*。5. *Old Wives' Tale*。6. *Main Street*。"这六部书中，两部与1921年所授相同，即《名利场》与《傲慢与偏见》，所不同者，为菲尔丁的《汤姆·琼斯》、乔治·梅瑞狄斯的《理查·弗维莱尔的苦难》（*The Ordeal of Richard Feverel*）、阿诺德·本涅特的《老妇谭》和辛克莱·刘易斯的《大街》。前五部均是英国小说，唯有《大街》为美国小说。据此可知，至迟在1925年，吴宓已读过《大街》，并对其甚为推崇，将这部五年前才出版的小说视同名作，选入课程，供学生研读。

《大街》初版于1920年10月，吴宓批识的这册《大街》为1922年11月第三十一次重印本。这意味着，吴宓一定是在1922年11月至1925年4月期间批阅此书的。从常情推断，当在1923年或1924年。

《大街》这部小说的女主人公卡罗尔是一位有朝气、有干劲的女性，她大学毕业后曾在大城市工作，后来嫁给了乡村医生肯尼科特，跟随丈夫到美国中部的格佛草原镇生活。与她想象的田园生活不同，这个镇子丑陋寒碜，居民多数狭隘、保守、庸俗、自满。卡罗尔想在镇上做点什么，打破滞闷的空气，对落后的环境加以改造，可处处碰壁，一事无成。她伤心失落，选择了出走。但与易卜生的娜拉不同，卡罗尔出走后又回来了。

我们来看看吴宓批识是如何评价《大街》的。需要说明的是，英文批识中有些句子是缩略、不完整的，后附汉译，为求句意完整，稍有增补。另，为表强调，吴宓在题识中会将一些英文词首字母大写，这里依原样照录。

"Main Street"—the American "Madame Bovary". Difference between the American & the French Novel: Chiefly, the Moral point of view, the total & sane view of life VS Ruthless realism. A more general picture of society VS strict & artistic treatment of a single episode or idea. Cf. George

Eliot's "Middlemarch".

"Main Street"—the modern "Don Quixote". The conflict between the Ideal (Carol Milford) & the Real (Gopher Prairie). Dr. Kennicott=Sancho Panza. The disillusion is not complete, and therefore not disheartening (See p. 451, π. 4)

"Main Street" signifies American Provincialism (cf. "Middlemarch") and other typical American traits. The Merits and Defects of the American people shown. (Puritanism + Frontier spirit). Representative of an entire great Modern nation. Truths of its descriptions.

In a way Carol Kennicott illustrates the life of every man & woman. "Main Street", a lyric poem in prose. (Cf. "The Old Wives' Tale") The career & experience of an aspiring idealist.

A suggested Chinese parallel. Personal opinions & comments: Difference between Chinese girl students and Carol Kennicott, due to (1) Tradition & customs (2) national character.

The political & social opinions in "Main Street"—not seriously maintained: the point view of Human nature & character. Contrast "The

Patrician". Carol represents the liberal, a little radically inclined.

附参考译文：

《大街》——美国版的《包法利夫人》。美国小说与法国小说之差异：主要在道德视点方面，完整、健全的生命观 vs 无情的写实主义。更普遍的社会图景 vs 对单一情节或观念做严格的、艺术化的处理。参乔治·爱略特的《米德尔马契》。

《大街》——现代版的《堂吉诃德》。理想（卡罗尔·米尔福德）与现实（格佛草原镇）之间的冲突。肯尼科特医生＝桑丘·潘沙。理想并非完全破灭，因而并未心灰气沮（见第451页第四段〔引者按：即《大街》结尾倒数第二段〕）。

《大街》着重写了美国人的村气固陋以及其他典型的美国式特征。美国人的长处和短处均得以呈现。（清教主义与边疆精神。）整个伟大的现代国家的典型。其描述的真实性种种。

在某种意义上，卡罗尔·肯尼科特这个形象展现了每个男人和女人的生命。《大街》，是散文写就的抒情诗（参《老妇谭》）。一位有抱负的理想主义者的事业与经历。

想到一个可与中国对照的地方。个人观点与评价：中国的女学生与卡罗尔·肯尼科特之间的区别，（1）由传统与习俗差异所导致，（2）由国民性差异所导致。

《大街》中的政治观点与社会观点——并未正儿八经地加以表述：人性的、性格的视角。对比《贵族》（引者按：高尔斯华绥的长篇小说，出版于1911年）一书。卡罗尔代表自由主义者，不过略有偏颇。

我们看到，对《大街》吴宓首先从比较文学的视角加以观察，一是将它与《包法利夫人》相提并论，这是因为二者都写了爱幻想的女性在乡下生活中的苦闷，但吴宓也指出它们在道德观念和艺术手法上存在差异；二是将《大街》与《堂吉诃德》相提并论，这是因为二者都写了有理想主义倾向的主人公在现实中受挫的故事，吴宓将卡罗尔比作堂吉诃德，是别具只眼的，可将肯尼科特医生等同于桑丘·潘沙，则似乎不很有说服力，因为肯尼科特医生在书中完全不是一个喜剧角色。

接下来，吴宓强调了小说对美国式 provincialism 的刻画的典型性。Provincialism 是个意涵丰富的词，如果只以两个或四个中文字对应，总会遗落点什么。它指乡下习气、外省做派、地方主义、狭隘陈腐、颟顸粗俗、固步自封……稍后我们还会看到，provincialism是吴宓对《大街》一书评价的关键词，在不同场合发表的论议中都曾齿及。

吴宓还提到卡罗尔可与新文化运动时期的中国女学生相对照，这是因为她们都不满于周遭保守落后的社会环境，同时，她们的思想也一样单纯稚昧。而由于传统、习俗以及国民性的巨大差异，二者在各自环境中的际遇、应对、表现会有所不同。

吴宓对《大街》的写作不吝赞词，至称它为"散文写就的抒情诗"。这一评价未必是不恰当的：尽管在刻画乡镇鄙陋粗俗时，辛克莱·刘易斯更多采用的是讽刺的手法，让人很难联想到诗，但《大街》其实尚有一大特色较少为人提及，那就是书中有不少"闲笔"，看似与情节主干无甚关联，却相当好地表现了人物关系，也烘托了小说气氛。如第十五章，写卡罗尔随丈夫出诊，见识了医生在处理杂症时大刀阔斧的果决作风以及精湛的医术，对丈夫的爱中加入了一缕敬。后来二人驾马车回程，遇上大风雪，那段描写极精彩——大自然是狂虐的，而人与人之间的情感，却如炉火烘烤后的雪水，细流交融。这一章确有诗的韵致，如吴宓所评，是"散文写就的抒情诗"了。

总的说来，吴宓的这段批识是很有见地的，其在文学上的湛深修养亦有体现。尤可留意的是"卡罗尔展

MAIN STREET

CHAPTER I

I

On a hill by the Mississippi where Chippewas camped two generations ago, a girl stood in relief against the cornflower blue of Northern sky. She saw no Indians now; she saw flour-mills and the blinking windows of skyscrapers in Minneapolis and St. Paul. Nor was she thinking of squaws and portages, and the Yankee fur-traders whose shadows were all about her. She was meditating upon walnut fudge, the plays of Brieux, the reasons why heels run over, and the fact that the chemistry instructor had stared at the new coiffure which concealed her ears.

A breeze which had crossed a thousand miles of wheat-lands bellied her taffeta skirt in a line so graceful, so full of animation and moving beauty, that the heart of a chance watcher on the lower road tightened to wistfulness over her quality of suspended freedom. She lifted her arms, she leaned back against the wind, her skirt dipped and flared, a lock blew wild. A girl on a hilltop; credulous, plastic, young; drinking the air as she longed to drink life. The eternal aching comedy of expectant youth.

It is Carol Milford, fleeing for an hour from Blodgett College.

The days of pioneering, of lassies in sunbonnets, and bears killed with axes in piney clearings, are deader now than Camelot; and a rebellious girl is the spirit of that bewildered empire called the American Middlewest.

II

Blodgett College is on the edge of Minneapolis. It is a bulwark of sound religion. It is still combating the recent heresies of Voltaire, Darwin, and Robert Ingersoll.[1] Pious

---

[1] Col. Robert Green Ingersoll (1833-1899), American lawyer & anti-Christian propagandist.

现了每个男人和女人的生命"这一提法。在《大街》结尾，卡罗尔正视自己的失败，她说："也许我的仗打得不够漂亮，但我忠于自己的信念。"吴宓在这样一位女性追求、幻灭、直面痛苦的生涯中看到了人的普遍境遇的缩影。这一观察相当深刻，道人所未道。

书中零散批语尚有值得一说者。如《大街》第一章第一段写女大学生卡罗尔站在小山上出神："她现在正沉思着核桃奶油巧克力软酥、布里厄的戏、鞋跟磨平的种种因由，还有化学老师盯着看她那把耳朵遮起来的新发型这件事。"吴宓在页边批道："The product of Modern Education! a scramble of information."（"现代教育造就的竟是这样的东西！一大堆乱七八糟的信息。"）第六章写卡罗尔在家中搞了一次派对，以中国为主题，准备的食物里有一款"chow mein"，吴宓在页边批注"炒面"二字。

《大街》一书一定给吴宓留下甚深印象，嗣后在他的文字中，这部小说多次被提及。

1926年，清华学校建校十五周年，《清华周刊》推出"清华十五周年纪念增刊"。此增刊中有吴宓的一篇文字，题为《由个人经验评清华教育之得失》。吴宓在文中对美国国民性做了痛烈批判：

> 美国人以重实际而轻理想之故，又以实行

民主政治，注重平等之故，其弊则凡百设施，均带商业性质。纯粹之学者，不受尊礼，出众之天才，时受裁抑。而美国人之性行，又不免（一）识见狭隘（Provincial）与（二）行事拘囿（Conventional），以同乎流俗，合乎污世为方针；（三）注重物质（Materialistic）而与精神隔膜——即其著书立说，亦不免此病；（四）视职业过重，教育亦职业化，不求综合一贯之人生观，只设职业指导，成功要术；（五）于金钱，多积货财，贪墨无厌；（五）耽安逸，尚奢侈（Comfort and Luxury）；（六）日夕劳忙活动而不休息，于是无思想之暇时（Leisure），无精神之幸福；（七）但言方法而不问目的，推之则为但事积聚而不能享用，但计数量而不问品质，但务宣传而不思改良。以上皆美国人性行之最显著者。又注重标准齐一，故通国到处皆然。*Main Street* 一书，描摹最佳。全美国皆 Main Street 也。或曰，清华园亦 Main Street，不特"北院"一隅而已。此虽谑言，而清华大多数毕业生及学生，其性行恐不免有如以上所言者。……

值得注意的是，吴宓历数"美国人性行之最显著者"，提到的第一条即"识见狭隘（Provincial）"，这与他在《大街》题识中着意指出的 Provincialism 是一致的。后面更直截了当地揭出《大街》一书，认为这部小说对美国国民性"描摹最佳"。《大街》出版后风行一时，Main Street一词亦作为流行语被收入各类辞书。陆谷孙主编的《英汉大词典》对该词释义第三项谓"以狭隘乡土观念和实利主义为特征的地方（或环境）"（第2版第1159页）。吴宓说"全美国皆Main Street也。或曰，清华园亦Main Street"，用的正是这一义项。

事实上，吴宓在《由个人经验评清华教育之得失》中以较大篇幅批判美国国民性，似离题稍远。窃疑他是在课堂讲授《大街》之余，记忆犹新，有感而发。从文章看，是由清华的美式教育谈到美国国民性，再由美国国民性谈到小说《大街》，而从其思路来说，未尝不可能是反过来，由小说《大街》想到美国国民性，再由美国国民性想到清华的美式教育。总而言之，《大街》在吴宓思想上烙印之深，是不难由此窥知的。

1928年5月，《学衡》第六十三期刊出吴宓翻译的《穆尔论现今美国之新文学》，作者穆尔（Paul Elmer More）系与白璧德同调的美国"新人文主义"批评家，亦为吴宓终生服膺之师长。穆尔在文中对辛克莱·刘易斯及《大街》等作品颇多贬抑，但这一保守主义批评者的论调未必为译者吴宓本人所赞同。

1930年11月，辛克莱·刘易斯获得诺贝尔文学奖，且由于他是美国第一位获此奖的作家，消息一出，世界文坛皆起震动，中国也不例外。当时中文报刊刊发的消息、评论中，颇有认为辛克莱·刘易斯的文学成就其实不高、有点配不上诺贝尔文学奖者。倒是胡风的《一九三〇年诺贝尔文学奖金得者——辛克莱·刘易士》（署名张光人）一文认可这位小说家。文中称："新兴美国文学底特色，在于把美国新起的布尔乔亚社会底概观、习惯、态度，以及日常生活里面所有的现象，批判地现实地处理这一点，把这个特点发挥的最为鲜明的是辛克莱·刘易士。"

1930年12月29日，吴宓主编的天津《大公报·文学副刊》发表一文，题为《获得一九三〇年诺贝尔文学奖金之美国小说家辛克莱路易斯》。虽未署名，但稍籀绎，即可知其必为吴宓所撰（沈卫威先生曾在《〈大公报·文学副刊〉与新文学姻缘》一文中指出："事实上，在副刊的文章中，前期不署名多是吴宓本人的……"见《山东师范大学学报（人文社会科学版）》2005年第2期）。或许有人会提出疑问，此际吴宓正在英国游学，何以会在国内发表文字？事实上，与此文在同一版面刊出的，正是署名吴宓的《欧游杂诗·牛津雪莱像及遗物三首》。据《吴宓日记》，吴宓1930年10月11日抵牛津，此后待了三个月。吴宓参观牛津古迹，瞻雪莱像，赋诗并加详细长注，定稿想来在10月下旬至11月初。而辛克莱·刘易斯获奖在11月3日，吴宓自有时间写

出述评文章,与其咏雪莱诗一起,寄回国内刊布。这篇论辛克莱·刘易斯的文字向无研究者引及,下面录与《大街》相关的两段如下:

> 路易斯氏自发表其杰作《大街》(*Main Street*)后,享大名文坛者迄今恰十年,而春秋方盛,名著迭出,为写实派之巨擘。其所作书,多写他人之所未写,写世人之所不能写,新辟蹊径。而对于一般美国之思想生活,描写尤彻底。美国作家之得诺贝尔奖金者尚未有人,而以路氏首开记录,夫谁曰不宜。

> ……至一九二〇年而其杰作《大街》(*Main Street*)出,立刻风行全国。销行之广,再版之速,为作者所梦想不到。美国人几于人手一编。凡识字之徒,莫不娓娓谈《大街》也。此书以一医生之妻Carol及其夫Will Kennicott为主角。以Gopher Prairie一地为背境,描写美国西中部乡镇生活之狭陋。其地惟有一"大街",容一福特摩托车(引者按:此处之摩托车即motor,指汽车)过。处此镇者,蠕蠕然活动于此街。其思想之平凡,见识之浅陋,趣味之狭小,在旁人视之,到处可鄙可笑。而彼等乃麻木无知,无从启发。Carol在女学生年

代，本有提倡文艺改良社会之心志，乃嫁此医生后，意志逐一销磨，碌碌一生，事夫育儿以终。周遭庸俗之空气，将人包围，不能摆脱。盖此镇上非无头脑较敏锐之人，惟头脑敏锐，则与庸俗格格不相入，感到无限痛苦。必与庸俗者同化为庸俗、与麻木者同化为麻木，销声匿迹而后可也。作此书者之意，以为此"大街"之长乃不可以道里计；引而长之，可通达美国全境。美国到处有此"大街"，此"大街"之文化实代表美国最普遍之文化。福特摩托车，德律风，柯达克，留声机，电影，沙发，马克·吐温全集，一般之美国文明，除此以外，所余无几。哀哉。故路氏于此书中不特对于美国乡镇之 provincialism 尽其冷嘲热讽之能事，实对于美国现代文化深致不满，具有提高之之热诚焉。

文中有二处与吴宓以往观念吻合："美国到处有此'大街'，此'大街'之文化实代表美国最普遍之文化"，即《由个人经验评清华教育之得失》中所谓"全美国皆 Main Street 也"；"美国乡镇之 provincialism"，则与吴宓手批《大街》题识中所谓 American Provincialism 及《由个人经验评清华教育之得失》中所谓"识见狭隘（Provincial）"同。

吴宓在此文中对辛克莱·刘易斯作品做一总评，

谓：" 通观路易斯之小说，其最高本领在讽刺。但其书主要之宗旨则不在讽刺个人，而在讽刺包围此个人之社会的势力。"这一判断是准确的。在我读过的《大街》论评中，以卡尔·范多伦（Carl Van Doren）所写最警辟深刻，他说："卡罗尔·肯尼科特，与格佛草原镇之无端丑陋、古板拘执而又沾沾自喜相抗争，虽终不得不屈服，然实不失为一女豪杰。她的不满，不是自寻烦恼，而是卓然品质。格佛草原镇才是那反面人物。"（*The American Novel: 1789-1939.* New York: Macmillan, 1940, p. 305）

关于辛克莱·刘易斯的艺术特色，吴宓写道："……路易斯虽是一小说家，但彼不过偶用小说之工具，借小说之形式以发表其见解言论。其小说严格言之，不是小说，但是有具体例证之讽世论文而已。……其书无有故事，无有情节，无有结构，但为一大堆琐碎平凡之事情连串而成。此即所谓新写真主义（New Realism）之作风。路易斯文笔平庸，以之比英国现代小说家如Virginia Woolf，则文笔之细致，命意之深远，不逮远甚。但其描写，几于照相写真一般精确，细小猥琐，莫不惟妙惟肖。亦属难能可佩。以平庸粗率绝不出色之文笔，写平庸粗率绝不出色之人物及其生活，关于此点，彼确能代表美国及美国作家。其得诺贝尔奖金宜也。"

应该说，吴宓的《获得一九三〇年诺贝尔文学奖金之美国小说家辛克莱路易斯》绝非寻常通讯可比，而是一篇有见地、有心得的文艺批评。同时的其他中文评介文字，殊不足与其相提并论。

在后人整理的吴宓讲义《文学与人生》中，有一份"《文学与人生》课程应读书目"，系吴宓为1936—1937学年编选的。该书目开列一百多种书，其中唯一的美国小说就是辛克莱·刘易斯的《大街》，除英文版外，还提供了白华（杨历樵）译《大街》（天津大公报社1932年5月版）的版本信息。可见吴宓对《大街》一书的看重未尝稍变。既然如此看重，他将自己手批之《大街》给女儿吴学淑读不就顺理成章了吗？更何况《大街》以青年知识女性为主角，无疑很适合曾就学于燕京大学和西南联大的吴学淑阅读。

吴宓之看重《大街》，在艺术上自有其充足依据。可我们不妨再追问一句，他如此推崇这部小说，会不会还有什么私人理由？我猜，吴宓是在小说女主人公卡罗尔的身上看到了自己的影子，因而有惺惺惜惺惺之感。为什么这么讲呢？首先，吴宓在题识中称《大街》为现代版的《堂吉诃德》，如此则卡罗尔相当于女版的堂吉诃德，而我们知道，吴宓曾在诗中将自己比作堂吉诃德，钱锺书在评《吴宓诗集》时也称吴宓与"新文化运动"相抗如堂吉诃德之大战风车——吴宓与卡罗尔，多多少少都带点堂吉诃德气质。而吴宓评价卡罗尔为

"一位有抱负的理想主义者",正不无夫子自道的意味。其次,我们看《大公报·文学副刊》那篇长文,吴宓写道:"周遭庸俗之空气,将人包围,不能摆脱。盖此镇上非无头脑较敏锐之人,惟头脑敏锐,则与庸俗格格不相入,感到无限痛苦。必与庸俗者同化为庸俗、与麻木者同化为麻木,销声匿迹而后可也。"在此,因周遭庸俗之空气而感到无限痛苦,实不仅为小说情节而发,而是吴宓出于自己的精神苦闷,慨乎言之了。卡罗尔的抗争,卡罗尔的苦楚,吴宓感同身受,必有甚深共鸣,乃至与这位女性认同。吴宓题识中有所谓"卡罗尔·肯尼科特这个形象展现了每个男人和女人的生命",在他心目中,自己正是这"男人"中之一员。他对《大街》如此推重,恐怕其深层原因亦在此。

说实话,当初买下这部书,何曾想到,可由吴宓的批识,一步步稽考追索,钩沉佚文,得窥其心曲?或许,这就是书的馈赠,也是书的命运。

姚从吾

1922年夏，姚从吾自北京大学文科研究所国学门卒业，旋应北大赴德留学考试，与毛子水一起获选。据胡适说："当初北大校长蔡孑民派姚从吾、毛子水赴德留学，目的是造就地理人才，但他们到了德国，改变了初衷。"（张其昀《悼胡适之先生》，《中国一周》第六一九期，转引自王德毅编著《姚从吾先生年谱》，新文丰出版股份有限公司2000年6月版，第11页）蒋复璁也说："我和姚从吾先生是北大同学，但到了德国之后才认识。当时蔡元培在北大招考两个人出国，送到德国学人地学（引者按：即人文地理学），姚从吾是其中之一，但后来却去研究蒙古史。"（《蒋复璁口述回忆录》，第106页）姚从吾去德国，似本该学地理学，后来却改学历史学了。事实上，姚从吾从1920年起即在《地学杂志》发表文章多篇，且为《地学杂志》编辑之一，与地理学关系匪浅。

1923年1月5日，姚从吾乘法国邮轮 André Lebon 号由上海出发往德国（与章伯钧前一年赴德时所乘为同一艘船）。2月到柏林。后来记者曾采访姚从吾，"据姚先生自己说：他那时还不会德文，学习德文是在船上开始的，留学的期限，共是五年，第一年没有正式入学，把时间全用在学习外国文上了，自第二年起才正式入了那个世界闻名的柏林大学了"（诚之《介绍一位新史学家——留德十三年 研究辽金元 姚士鳌教授》，《北平晨报》1935年6月21日；引者按：姚从吾本名姚士鳌）。姚从吾在柏林大学，专攻历史方法论、匈奴史、蒙古史及中西交通史。按张俣生《姚从吾先生传》的说法，姚从吾1929年任波恩大学东方语言研究所汉文讲师，1931年任柏林大学汉学研究所讲师（《姚从吾先生哀思录》，第2页）。不过，姚从吾自己的一段记述则称："一九三一至一九三二年，余教中国语言于波恩大学东方语言研究所，得识R. Streck君，相处甚欢……"（《姚从吾先生年谱》，第19页；引者按：原书Streck讹作Strerk）毛子水在《忆念姚从吾先生》中提到："从吾于听课以外，又兼任柏林（后转波恩，又回柏林）大学东方部的讲师……"（《姚从吾先生哀思录》，第51页）

姚从吾留德近十二年，后期似以波恩为定居之所，有授课任务时则到柏林去。姚从吾1934年11月17日致胡适的信中曾提及："我在德国的时候，每次往来莱茵河Bonn城、柏林之间，或暑期入山旅行，看报以外，总是拿先生的《文存》作途中的伴侣。"（《胡适遗

Wilhelm Scherer
Jacob Grimm

Der Domschatz
Band 9

Scherers „Jacob Grimm" ist mehr
als die Lebensgeschichte eines großen
Mannes. Es ist die Geschichte unserer
Wissenschaft von deutscher Sprache und
deutscher Art vorgetragen mit der herr-
lichen Begeisterung und der umfassen-
den Kenntnis, die Scherer eigentümlich
waren. Ein klassisches Werk unserer
deutschen Gelehrsamkeit, Leben spendend
und unveraltbar, ist hier neu
ans Licht gestellt.

DOM-VERLAG • BERLIN

稿及秘藏书信》第三十一册，第 68 页）另外，刘经富《陈寅恪未刊信札整理笺释》一文中附录姚从吾 1932 年 3 月 26 日致陈寅恪的一通书信，其中提到"鳌去年五月即迁居普鲁士莱因省邦恩大学城（Bonn a/Rhein）"，也就是说，姚从吾 1931 年 5 月迁居波恩。该信落款地址写"时暂寓柏林 Grunewald Cuno Strasse 44A"，后补一句："鳌不日即复返 Bonn，直接通讯处如下：Via Siberia! Kern Shih-ao Yao b/prevof Bonn a/Rhein。"（《文史》2012 年第 2 辑〔总第 99 辑〕，中华书局 2012 年 5 月版，第 246—247 页）从文意揣测，1932 年时，姚从吾的常居地为波恩，暂居所则在柏林。

2024 年 2 月，我买到一部姚从吾旧藏精装本德文书——威廉·舍雷尔（Wilhelm Scherer）著《雅各布·格林传》(*Jacob Grimm*)，柏林多姆出版社（Dom-Verlag）1921 年版。本书"毛子水"一节已经提到，周运兄在《姚从吾西方史学藏书点滴》一文中指出："姚从吾的这些藏书除了部分有藏书章和签名之外，还有个特点，就是在书脊下部贴着手写的'代 1 / 123'一类数字编号的标签，很像图书馆藏书的书标……"（《乘雁集》，上海文艺出版社 2021 年 11 月版，第 111 页）《雅各布·格林传》所贴纸条即有"代 1 / 575"字样。尤可注意者，是在书前空白页左上角有黑色钢笔写下的字迹：

1.56 M.
Bonn. 29. 6. 32.
Lühenheid 书店

显然，这是姚从吾买书后留下的记录：此书购于 Lühenheid 书店，价 1.56 德国马克，时间为 1932 年 6 月 29 日，地点为波恩。从这一记录及姚从吾致陈寅恪信提供的信息看，姚从吾本人的说法，即"一九三一至一九三二年，余教中国语言于波恩大学东方语言研究所"，应是较准确的。

姚从吾旧藏的德文版西方史学著作，我亦买到过数种，但周运兄《姚从吾西方史学藏书点滴》已就这个主题作详殚论述，此处不必再辞费。这本《雅各布·格林传》,倒是值得说一说。该书著者威廉·舍雷尔(1841—1886)为德国著名语文学家、文学史家,出生于奥地利,17岁进维也纳大学,两年后入柏林大学。康奈尔大学日耳曼语言与文学教授瓦特曼·托马斯·休伊特(Waterman Thomas Hewett,1846—1921)后来在《美国语文学学报》上为舍雷尔写过一篇长讣闻,文中对舍雷尔在柏林的求学经历有一段令人神往的记述:"时豪普特(Haupt)、米伦霍夫(Müllenhoff)已离布雷斯劳而执教柏林,舍雷尔适逢其时,与之情在师友之间。舍雷尔复从博普(Popp)学比较语文学,从韦伯(Weber)学梵文,从霍迈尔(Homeyer)学日耳曼法律史。"(*The American Journal of Philology*, Vol. 8, No. 1, [1887], p. 35)其中,豪普特(Rudolph Friedrich Moriz Haupt,1808—1874)为德国古典学家、日耳曼史家,米伦霍夫(Karl Victor Marl Victo,1818—1884)为德国著名中世纪研究者,博普(Franz Bopp,1791—1867)为印欧比较语言学大师,韦伯(Albrecht Weber,1825—1901)是博普的学生、后来的印度学著名学者,霍迈尔(Karl Gustav Homeyer,1795—1874)则是萨维尼的学生、著名法学家,也是耶林的老师。舍雷尔著《雅各布·格林传》一书,亦有一段故实。雅各布·格林(1785—1863)为德国著名语言学家,也就是"格林兄弟"的那个"兄"。舍雷尔到柏林时,雅各布·格林还在世。1863年9月20日，雅各布·格林故去，过了两天，德国报章居然对其逝世及卓绝贡献无只字报道。年轻的舍雷尔大为愤慨，造访《柏林汇报》(*Berliner Allgemeine Zeitung*)编辑部，向报社讨说法。编辑就说，那你为什么不为这位师长写一篇讣闻呢？舍雷尔应允了，9月24日，讣闻见报，休伊特评曰："这篇简短的礼赞文字，写得优雅，概括简洁明快，饱含崇敬之情，对已故宗师之功业做了光辉的评断。"（同上）以此为契机，舍雷尔写了《雅各布·格林传》一书，出版于1865年，当时他还只有24岁。1885年，为纪念雅各布·格林百年诞辰，舍雷尔又推出了传记的修订版。舍雷尔后以《论德语之历史》(*Zur Geschichte der deutschen Sprache*)和《德国文学史》(*Geschichte der deutschen Literatur*)二书闻名，但《雅各布·格林传》作为他的第一部著作，尤其是一部表彰德国语言学伟大人物的著作，是值得铭记的。姚从吾购读此书，亦证明其品位不俗。

1934年夏，姚从吾返国，受聘为北京大学历史系教授。1936年，兼历史系主任。1937年抗战爆发后，任西南联合大学历史系教授。1946年9月，出任河南大学校长。在大学里，姚从吾主要讲授源自西洋的历史学方法以及蒙元史，1949年去台后，更以蒙元史名世。周运兄《姚从吾西方史学藏书点滴》一文中未提及姚氏

的蒙元史藏书。

2023年7月，我购得一部姚从吾旧藏的德文版蒙元史通俗著作，为迈克尔·普劳丁（Michael Prawdin）著《成吉思汗及其遗产》（*Tschingis-Chan und sein Erbe*），斯图加特德意志出版社（Deutsche Verlags-Anstalt）1938年初版本。该书保存状况极糟糕，前数十页不知因何被十几枚金属钉刺穿。翻到书名页，虽"满目疮痍"，但一方白文篆印倒看得清楚，写的是"襄城姚氏从吾藏书"。此印乃魏建功所刻，见《天行山鬼印蜕——魏建功印谱》（中国书店2001年8月版，第84页）。河南襄城，为姚从吾籍贯所在地。书脊下方所贴蓝框方形纸条已残一角，然字迹尚可辨认，为"代1/209"。

迈克尔·普劳丁为笔名，他原名迈克尔·夏罗尔（Michael Charol），是为普通读者写作的作家。1935年，他出版了《成吉思汗：来自亚洲的风暴》（Tschingis-Chan, der Sturm aus Asien）一书，次年，推出续篇《成吉思汗的遗产》（Das Erbe Tschingis Chans），很受德国人欢迎。1938年，合二书为一书，并予增补，就成了《成吉思汗及其遗产》。《成吉思汗及其遗产》销行颇广，英译本改题 The Mongol Empire: Its Rise and Legacy，于1940年出版，马上又有了日文译本。中文译本则迟至2020年才出现，书名为《蒙古帝国的兴起及其遗产》（赵玲玲译，社会科学文献出版社2020年9月版），系从英译本转译。

普劳丁作为通俗作者，史学修养有限，文笔虽流畅，也尽可能参考了一些当时易得的西方蒙古史及汉学论著，但渊深的学识和高超的见识都是谈不到的。1940年英译本出版后，美国汉学家富路特（L. Carrington Goodrich）在1942年5月的《远东季刊》上发表了书评，对普劳丁的书大加挖苦，其中一段是这样写的："书的护封上有评语道：'这是一部标准著作，既写给严肃的历史研究者,也一样写给喜欢刺激的故事的读者,这故事的悬念让人屏息、欲罢不能.'对于前半句,笔者大大地不认同。该书作者犯下太多错误,对某些关键的发展阶段则轻飘飘地一掠而过,有引文却不注明译者,居然具体表现成吉思汗是怎么说的,甚至是怎么想的,所据史料本就有欠完备,还未能充分加以利用,提出了若干条假设,然均令人难以信从。这是华而不实的写作,却不是冷静节制的历史。"(*Far Eastern Quarterly*, [1942], 1 [3]: 285)

俄罗斯学者马·伊·戈尔曼著《西方的蒙古史研究》中有关于普劳丁的书的述评:"至于那些在西方颇为流行的出自半专业研究人员或非专业研究人员哈·拉姆、米·夏洛(普拉甫金〔引者按:即普劳丁〕)等人之手的有关成吉思汗生平和蒙古征服行动的著作,那么可以说,这类著作甚至遭到了持客观态度的西方学术界代表人物的摒弃,比如,亨·施瓦茨虽然将这类著作收入他编的书目中,给它们加的评语和说明(十分恰当!)却是这样的……亨·施瓦茨对米·夏洛(普拉甫金)的《成吉思汗及其遗产》一书的评语最为尖刻,认为这是一本'不可相信、带有成见的通俗小册子'。"(《西方的蒙古史研究》,陈弘法译,内蒙古教育出版社2011年12月版,第149页)亨利·施瓦茨所编《蒙古学书目》已有中译本(周建奇译,上海古籍出版社

2020年12月版），有兴趣的读者可参阅。

1948年夏，开封被共产党军队攻陷，时任河南大学校长的姚从吾乔装出逃。他的弟子吴相湘回忆："从吾师到〔南〕京后面告：开封沦陷后即思脱身之计，先将面粉十余斤炒熟盛于一布袋，另购王瓜若干，并将在德国购置之金挂表及安全剃须刀分藏于二大馒头内混于十余馒头中，化装为一老农，然后与三五河大学生乘夜混出城外……从吾师虽居留北平及旅德多年，而乡音未改，头发斑白，随行学生均以老公公称呼，未引起他人注意。沿途以王瓜解渴，面粉馒头充饥。当时决心如被□□发现身份，即用安全剃刀割颈以免受辱。"（《姚从吾师尽瘁史学》，《姚从吾先生哀思录》，第86—87页）走得匆忙狼狈，姚从吾自然顾不上自己的那些藏书了。

从《成吉思汗及其遗产》的出版时间及姚从吾仓皇南下的时间看，姚从吾得此书必在1938年至1948年间。此十年，前七年处于抗战中，姚从吾在西南联大，生活之艰困，书刊之匮乏，可以想见。后三年，人心浮动，社会波荡，真能晴窗展卷的时间恐亦无多。在这样的环境中，得到一本德文版的蒙古史著，就算是不入流的通俗书，总还值得稍稍检阅一下罢。

章伯钧

多年前得到一部英文版的列宁著《唯物主义与经验批判主义》(*Materialism and Empirio-Criticism*)，莫斯科外语出版社1947年版，本来是很常见的版本。令其稍显不同的是，书名页上钤了两枚鲜红的印章：一枚朱文的，为"章伯钧鉴藏印"；一枚白文的，就是"章伯钧"三个字。

章伯钧一生从事政治，一般人恐怕不知道，他早年学过英文、德文。朱光潜是章伯钧在桐城中学时的校友，他在《如何学习英文》讲演中曾提及："我在中学里，有一个同学，就是章伯钧，他整天背字典，也不见有什么大效果，这是他忽略了英文的整体性……"1920年，章伯钧毕业于武昌高等师范学校英文科，回到安徽后，被宣城的安徽第四师范聘任为英文教师。1922年8月，章伯钧与高语罕、郑太朴等乘法国邮轮 *André Lebon* 号从上海到德国留学。先是住在哥廷根，10月下旬，入柏林大学学习。据他女儿讲，"他在柏林大学哲学系攻读黑格尔和马克思列宁主义哲学"。又谓："小时

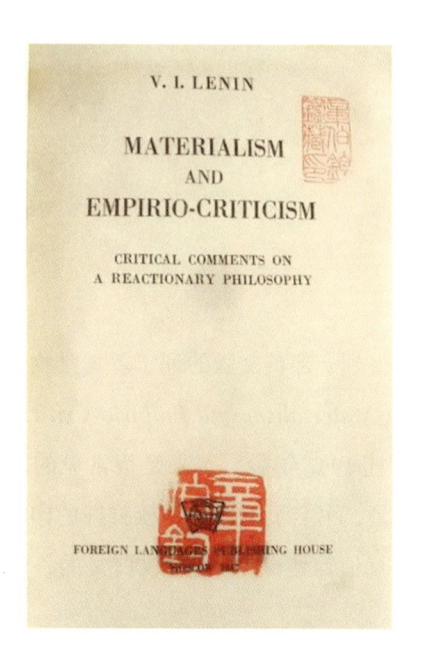

候，父亲曾对我说：'好的东西都令人不安。如读黑格尔，看歌德，听贝多芬。'"想来章伯钧读英文、德文书当无问题，他购读列宁著作的英文版也在情理之中。不过，这册书干净得很，似乎未翻阅过。

1949年后，章伯钧喜欢上了线装古籍，大肆搜求。费孝通在1985年发表的随笔《善本·名画·集邮册》中写道："章伯钧生前好玩书。玩书者，鉴赏善本而未必阅读之谓。他多年积累，藏书逾五车，且多重价得来。"方继孝《旧墨三记》里录章伯钧致张申府短札一通，信里说："申府同志：兹送上古书四种，索价颇昂。

但不知是否值得收存，请你代为研究一下。(《杜诗九家评说》拟购存起来，因有意多购此等古书。)"一方面不知是否值得收存，另一方面就已经准备购存了，这是藏书癖发作时的常态。

陈君葆在写于1957年的《"春节"琐语》一文中提到："去年七月，我在北京到隆福寺去买骨董字画，遇见章伯钧先生也在那里大事收购。在新中国，不但人民，便是政府首长也每每有这逛年宵、买骨董字画、插花这种闲情逸致。这才是'乾坤盎盎春'呢。"想想文章发表的年份以及那一年发生的种种，不免使人莞尔。

2013年黄山书社出版的《安徽省图书馆馆藏章伯钧书志》，为章伯钧家属捐赠的章氏藏线装书的总目。其中明版书有二百余部，虽然据我看，珍罕的品种似并不多。《唯物主义与经验批判主义》上所钤两枚印章，屡屡出现在《书志》的书影里。洋装书和线装书盖同样的印，当然不是不可以，只是那枚"章伯钧"形制太大，盖在洋装书里，一眼望去，一大片红，非常触目。

《书志》中没怎么提到章伯钧所藏线装书之外的普通书的归宿。这一册列宁著作是从北京一家旧书店买来的，兴许早就流散了也说不定。

徐志摩

近二三十年,诗人徐志摩旧藏的外文书偶尔会在旧书店出现。有读者买到,也有人写文章提及。诗人西川就曾在散文《与书籍有关》中写到,他在北京的旧书店买到的书里面"有打着'志摩遗书'蓝色椭圆形印戳的《牛津版十九世纪英语文论选》,徐志摩的圈圈点点跃然纸上"(《深浅:西川诗文录》第166—167页)。我还见过一种徐志摩旧藏,上面有何兆武先生的签名,应该是后来人过何先生的手。目前流散在外的徐志摩藏英法文书,可以查考到书名的,约有十来种。它们无一例外,均钤"志摩遗书"之印;从内容上看,都是品位不俗的文学著作,包括萨克雷、罗斯金等的作品,符合徐志摩的阅读趣味。

1931年11月19日,徐志摩罹难殒逝。其身后藏书,多归松坡图书馆——生前,徐志摩曾于松坡图书馆任职数年,主持购藏工作。彭福英女士在《国家图书馆所藏松坡图书馆外国图书管窥》一文中介绍:"松坡图书馆成立后,徐志摩捐赠了不少书籍,如1923年捐

赠英文书157册，书上钤'徐志摩捐赠'印章；也有钤'志摩遗书'印章的，为徐志摩去世后捐赠。笔者参与提善所见的徐志摩赠书160种，以英文文献居多，其次为法文文献，但数量不大，只有10种。"(《文津学志》第十六辑，第225页）

2013年10月我得到一册英文"志摩遗书"，有松坡图书馆编号8336，是"人人丛书"（Everyman's Library）所出青少年读物《古希腊故事集》(*Tales of Ancient Greece*)，由乔治·W. 考克斯（George W. Cox）撰述。

直到近年,我们才有机会知道,那些钤着"志摩遗书"印的外文书,徐志摩生前可能并没有打算捐给松坡图书馆。1930年10月21日,徐志摩致信丁文江,称:

> 昨闻振飞说松馆(引者按:指松坡图书馆)今由大哥主持,这是好极了的。我有一点琐事要奉烦,前天松馆来信说,虎馆址(引者按:指西单石虎胡同的松坡图书馆)即将移让,我寄存在那里的书橱十二架及衣箱杂件,得想法挪,但一时我在南中,又无妥便可以代劳,闻石虎七号今由王抟沙

先生承租，可否请大哥向与商量，暂时仍容封寄，年前我当设法来运或另移他处。王利民兄不知仍在馆服务否？如在，拟请其代为照料，俾弗散失。（《徐志摩全集》第七卷，商务印书馆2019年9月版，第3页）

同年11月8日，显然是在收到丁文江的复信后，徐志摩又去信，表示：

> 书生可怜，书外更无所有，捐助之意恕不能纳，必须迁移时，只有暂行寄存史家胡同五十四号甲金岳霖处。已告知东荪及利民兄，希为招呼，俾弗散失，则感激如何可言！（同上）

从书信内容可揣知，丁文江劝徐志摩将寄存在石虎胡同的书直接捐给松坡图书馆，徐志摩明确拒绝了。可惜世事难料，一年后，徐志摩即身故，他的书到底留在了松坡图书馆。而他当年心心念念，希望有人照料"俾弗散失"的藏书，有一部分幸运地归入国家图书馆，还有一部分，终究散失了。

2020年，我在网上买到一部精装英文旧书，是约瑟夫·康拉德（Joseph Conrad）的随笔集《人生与文

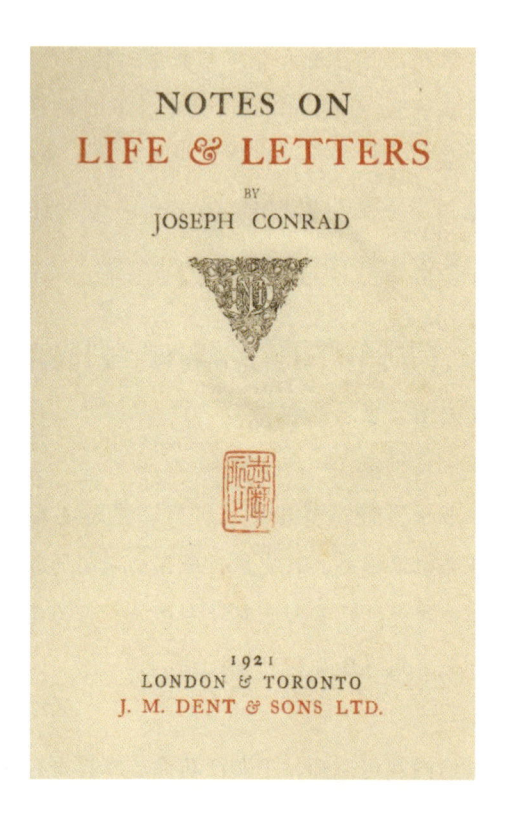

学散论》(*Notes on Life and Letters*，1921)。该书书名页正中空白处，钤一方朱文篆印"志摩所作"。我推测，此书为徐志摩旧藏。它不属于松坡、"志摩遗书"序列，没盖图书馆的收藏章。

按说，"志摩所作"这种印文，钤在作品手稿上才合适，钤在外文藏书上未免别扭。我想，理由或许是徐志摩匆忙之际未加细审。就在 1930 年 10 月 21 日写给丁文江的那封信里，徐志摩曾写道：

> 早该拜谢你慨赠的名著，我先前在巴黎在北京都买过一册，不用说都教朋友给拖跑。这是第三册到我手，我已题上字盖上章，决不再让它跑的了。

可见，徐志摩平时并不常在外文藏书上题字盖章；也许偶尔钤印，以示珍重，也免得给朋友"拖跑"。由于我购买时，商家并未以名人藏书为招徕，而是当一本普通的英文旧书卖的，因此似无作伪之动机。若欲作伪，仿刻一枚外间习见的"志摩"印，不是比别出心裁刻一方其实并不很切合情境的"志摩所作"更合理吗？此书末页又有中国书店旧书定价章，可知在国内流传颇久了。从纸背观察"志摩所作"印油的渗入深度，可判断此印非近年新钤者。综合上述特征，我认为，此书为徐志摩旧藏，殆无疑义。

既然这是约瑟夫·康拉德的著作，那么徐志摩平日是否读过康拉德的书呢？我遍检《徐志摩全集》，在他的文章、书札中共找到七篇涉及康拉德者，兹按时间先后为序简述如下。

1922年，徐志摩在《雨后虹》一文中提到："我又想起康赖特的《大风》，人与自然原质的决斗。"这里谈及的是康拉德的小说《台风》。

1922年,徐志摩撰写《丹农雪乌》,介绍意大利小说家邓南遮,称:"他的笔力有道斯妥奄夫斯基的深彻与悍健,有莆洛贝的严密与精审,有康赖特(Joseph Conrad)禽捉文字的本能……"

1923年,徐志摩在有名的散文《曼殊斐儿》中提及:"她问我最喜欢读那几家小说,我说哈代,康拉德……"

1923年夏,徐志摩在南开大学暑期学校举办系列讲座《近代英文文学》(赵景深整理),他在讲座中称许"康拉特下笔凝练,愈看愈深",指出"他善于描写海洋生活",并列举了康拉德的三部代表作:《台风》《大海如镜》《在陆海之间》。在后面谈到作家威尔斯时,徐志摩又说:"威尔斯和康拉得也不同。康拉得是以人为本位,而他是以社会为本位的。"

1927年,徐志摩参与翻译小说《玛丽玛丽》,他在译序中称:"在我翻译往往是一种不期然的兴致……我想翻柏拉图,想翻旧约,想翻哈代,康赖特的小说,想翻裴德的散文,想翻鲁意思的哥德评传,想翻的还多着哪……"

1929年7月21日,徐志摩在复女诗人李祁的信中称:"*Lagoon* 我所最喜,译文盼立即寄我,短文一并寄来。*Youth* 何不一试?再加一篇,即可成一 Conrad 短篇集,有暇盼即着手如何?"徐志摩"最喜"的康拉德短篇小说即《礁湖》，后面建议李祁试译的则是康拉德短篇小说《青春》。

1930年，徐志摩在小说集《轮盘》自序中表示，"恐怕我一辈子也写不成一篇如愿的小说"，之后列举他歆慕的小说名家福楼拜、康拉德、契诃夫、曼殊斐儿、伍尔夫夫人等，称"我念过康赖特，我觉得兴奋"。

由上可见，徐志摩对约瑟夫·康拉德的小说非常熟悉、非常喜爱、非常佩服，不但敦促别人加以译介，甚至自己也曾动过翻译的念头。这样一来，他会购读康拉德的随笔集，也就顺理成章了。

英国文人、著名的中国诗歌翻译者阿瑟·魏礼（Arthur Waley），与留英时期的徐志摩过从甚密，他晚年撰写了一篇关于徐志摩的短文《欠中国的一笔债》。魏礼提及徐志摩在英国时与大作家的交往："他的顶礼心情和朝圣脚踪，愈来愈指向文学的领域。他访康拉德（Conrad）、威尔斯（Wells）、哈代（Hardy）、毕列茨（Bridges）；在这一连串的谒见中，他创造出一种中国前所未有的新文体，就是'访问记'。这种文字激情四溢，是因发现新事物而沸腾的一种内心兴奋，与普通新闻式的报道迥然不同。"（梁锡华译，《徐志摩评说八十年》，第93页）鉴于魏礼所述为"孤证"，我们一时还无法确定徐志摩是否真的拜访过康拉德，不过从情理上讲，喜读康拉德作品的徐志摩有参拜这位文坛耆宿的愿望,是再正常不过了。

《人生与文学散论》并非稀见之书,但有徐志摩钤印的这一册,乃1921年的初版本,并不多见。1921年,对徐志摩来说,是个重要的年份:正是在这一年,他经狄更生推荐,以特别生的资格入读剑桥大学皇家学院。兴许,人在剑桥的徐志摩,是在《人生与文学散论》刚刚出版时就买来读了;兴许,读这部书,也是谒见他仰慕的大作家康拉德的一种准备呢。

浦薛凤

20世纪初,美国的出版公司尚多印行法文书,通常是名家名作,往往附有英文注释,并加索引,颇便初学。因此,我看见网上有一本牛津大学出版社纽约分社1914年出版的《波斯人信札》选注本,就以廉值购下了。书前的空白页上有用红色钢笔水写下的英文题署,起初,亦未留意是何人所写。

说来也巧,没多久,就陆续读到周运兄在《南方都市报》上发表的两篇文章《威廉·詹姆斯的两册藏书》(2015年9月20日刊)、《浦薛凤的外文藏书》(2015年10月18日刊),介绍的是他在国家图书馆馆藏中发现的十几种浦薛凤旧藏西文书。周运兄在文章中指出,浦薛凤的英文名是 Dison Hsueh-Feng Poe,其中 Dison 源自浦薛凤的字"逖生"。那天我随手拿起这本《波斯人信札》,对着英文题署稍加端详——啊,这不写的正是"Dison Hsueh-Feng Poe"吗!

除了英文签名,那页还写了"June 1st, 1924, harvard"("1924年6月1日于哈佛")的字样。周运兄第

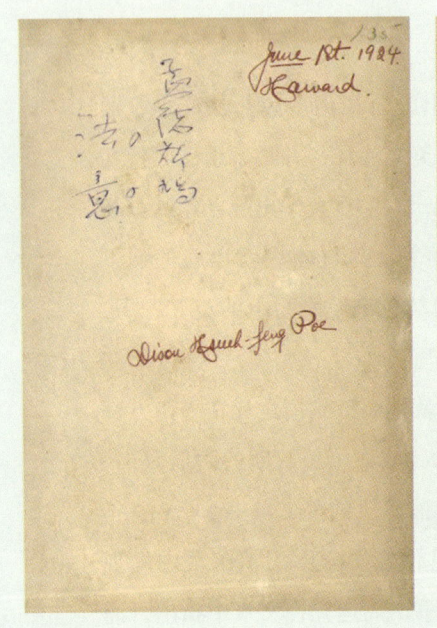

LETTRES PERSANES 155

de commettre sa suffisance. Mais, comme il se vit pressé, il fut obligé de sortir de ses retranchements, et il commença à dire théologiquement force sottises, soutenu d'un dervis qui les lui rendait très respectueusement. Quand deux hommes qui étaient là lui niaient quelque principe, il disait d'abord: "Cela est certain: nous l'avons jugé ainsi, et nous sommes des juges infaillibles. — Et comment, lui dis-je alors, êtes-vous des juges infaillibles? — Ne voyez-vous pas, reprit-il, que le Saint-Esprit nous éclaire? — Cela est heureux, lui répondis-je: car, de la manière dont vous avez parlé tout aujourd'hui, je reconnais que vous avez grand besoin d'être éclairé."

A Paris, le 18 de la lune de Rébiab 1, 1717.

LETTRE 102.

USBEK A IBBEN, A SMYRNE.

Les plus puissants états de l'Europe sont ceux de l'Empereur, des rois de France, d'Espagne et d'Angleterre. L'Italie et une grande partie de l'Allemagne sont partagées en un nombre infini de petits états, dont les princes sont, à proprement parler, les martyrs de la souveraineté. Nos glorieux sultans ont plus de femmes que quelques-uns de ces princes n'ont de sujets. Ceux d'Italie, qui ne sont pas si unis, sont plus à plaindre: leurs états sont ouverts comme des caravansérais, où ils sont obligés de loger les premiers qui viennent; il faut donc qu'ils s'at-

一篇文章中介绍的威廉·詹姆斯两册旧藏，是浦薛凤1924年3月在私人售卖会上买的，时间上比这本《波斯人信札》稍早些。浦薛凤从美国翰墨林大学（Hamline University）毕业后，1923年8月下旬入哈佛大学，1925年获硕士学位。看来他在哈佛购书不少，英文、法文、德文的都有。

浦薛凤不仅买了这本书，也确实读了这本书。书上从141页到158页，也就是《波斯人信札》第94至第102封信（不含第96封，因该书为选本）这部分，写了许多批注。当时，浦薛凤的法文程度似不甚高，多数批注是用英文注法文生词的意思，有些蛮简单的词也注了。不过，有两处是用中文写下的批语。

《波斯人信札》第99封信里写道："生活习惯方式也和时装一样：法国人按照国王的世代，变换风俗习惯。君主甚至可能使全国变得庄重和严肃，如果他在这方面下功夫。王上的心性特征直接影响宫廷，宫廷又影响都城，都城又影响外省。"（此据罗大冈译文，稍有改动）浦薛凤在后面一句上画了线，旁边加批："楚王好细腰，宫中多饿死。"意思是这个意思，唯褒贬轻重略有不同。

第二条批语是关于第102封信的。波斯来的郁斯贝克说，欧洲"数不清的小国"，有些小国国君"治下的子民，还不及我们光荣的苏丹们的后宫佳丽多"（此据罗大冈译文，稍有改动）。浦薛凤的批语是"语妙解颐"四个字。

浦薛凤回国后任清华大学政治系教授兼系主任，后来写过一部《西洋近代政治思潮》，影响很大。其中关于孟德斯鸠的章节，引了《波斯人信札》中的内容，所据的版本却不是这一选本，而是全集。想是后来又发愤用功，攻下名著。

这本旧书后面夹了张上海外文书店的发票，日期是1964年12月28日。1949年，浦薛凤即往台湾，1964年这个时候，他已离开台湾，移居美国两年了。书当是他离开大陆时留下的，而从发票可知，书早就散出了。

题字页上，不知哪个妄人用蓝色圆珠笔写了"孟德斯鸠 法意"几个字，令人闷损。

向达

以前在网上读到过一篇写得相当风趣的文章《潘家园的传说》，当中提到，有两个书贾曾收到一批向达先生的藏书，"中有《碛沙藏》一册，明版书两部，清精刻四部，及一些向达的手稿。朋友甲知道后上门去看了，东西真好，只是价钱没有谈拢。转天书在潘家园现身，再看到时，那两尺高的一摞书已化身为两大箱子约四五百册了。掺进去的是些石印的小说和些平装的文史书，全盖了新刻的'觉明藏书'之类的图章，价钱又比前日翻了两番"。作者发感慨说："掺了水的酒无味，掺了沙子的米硌牙，书呢？"

向达先生的藏书散出的极多，北京常买旧书的人应该都碰到过。至于书上常见的藏印是真是假，是向达先生自己钤的，还是后人新盖上去的，我也无从知晓。十几年前，在灯市口的中国书店，从老师傅的手里接过来两册1929年版"洛布丛书"希腊文、英文对照本的《亚历山大远征记》，扉页上有一方朱文的"向达"小印，从印油渗入纸张的程度看，似乎并不是新掺进去

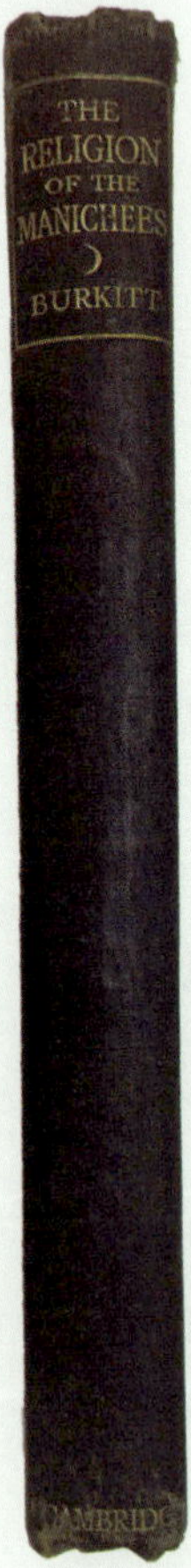
THE
RELIGION
OF THE
MANICHEES
BURKITT
CAMBRID

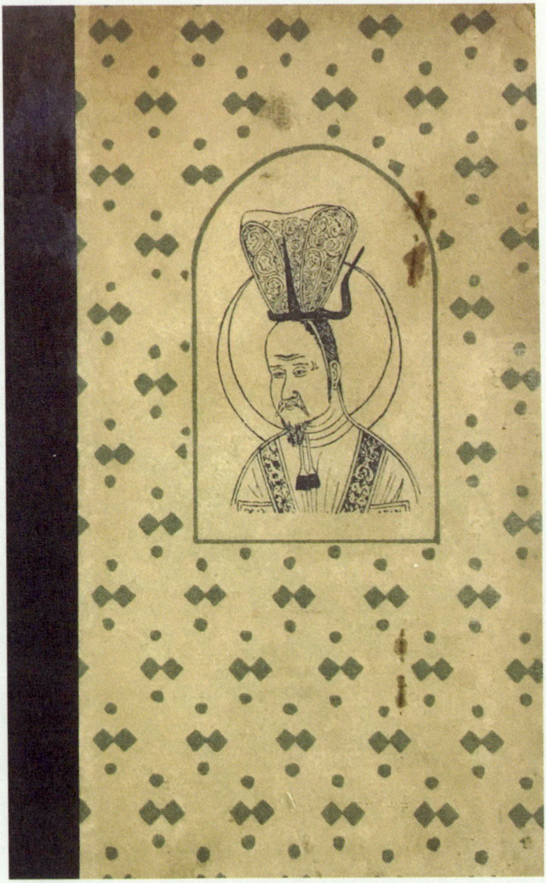

的"沙子"。虽然价要得高些,还是买下了。这就是我得到的第一部向达先生的西文旧藏。后来听朋友介绍,Robson 英译的《亚历山大远征记》已被从"洛布丛书"中撤下来,由更新的译本替换掉了。

20 世纪 20 年代,向达先生还在商务印书馆当英文见习编辑的时候,就翻译过许多中西交通方面的学术论文。读其著作,比如最有名的《唐代长安与西域文明》,不难发现他对西方的汉学成果涉猎极广。2009 年,我以廉值购得一册伯基特(F. C. Burkitt)著《摩尼教徒的宗教》(*The Religion of the Manichees*),发现在书前的空白页上有用蓝色钢笔写着的"Ex Libris Hsiang Ta"("向达藏书")字样,这比得到那些钤印的向达旧藏更令我高兴。

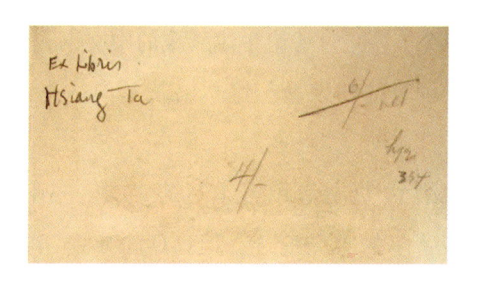

这本精装的《摩尼教徒的宗教》,系 1925 年剑桥大学出版社初版,内容是伯基特 1924 年 6 月在都柏林三一学院做的三次讲演。我们知道,1913 年,沙畹、

伯希和发表的名文《中国发见的摩尼教经典》是现代摩尼教研究的开山之作，而中国学者王国维的《摩尼教流行中国考》和陈垣的《摩尼教入中国考》是分别迟至 1921 年、1923 年才发表的。伯基特的著作，显然不能算是开拓性的作品，不过也应当属于较早对摩尼教进行研究的著作了。向达先生收藏过的这本书上，还有一方紫色印章，想是出售此书的书店盖上去的，写的是"PARKER & SON, LTD. English & Foreign Bookseller. 27 Broad Street Oxford"（"帕克父子书局，出售英国及外国书籍，牛津宽街 27 号"）。

据阎文儒、阎万钧《向达先生小传》，1934 年北平图书馆与英国博物馆达成互换馆员、进行学术交流的协议，当时受命赴欧的就是向达、王重民两位先生。1935 年向达抵英后，曾在牛津居留甚久，主要进行敦煌卷子的研究，次年还写过《记牛津所藏的中文书》一文。我疑心《摩尼教徒的宗教》这本书就是向达在牛津时购买的。

该书第 17 页上有用铅笔写的"二宗三际"四字，是阅读者留下的唯一痕迹。但这四个字是不是向达先生写下的，还难以判断。所谓"二宗三际"只是摩尼教的基本概念，无甚深意，仅对应该页探讨的"Two Roots""Three Moments"二词而已。

我翻查了论文集《唐代长安与西域文明》，知道向

> *LIGHT AND DARK*
> West to the Manichaean penitential Litany in the far North-East, we learn that the Manichees began with the Two Roots, and to this was added the Three Moments. The Two Roots, or Principles, are those of the Light and the Dark; by the Three Moments they mean the Past, the Present and the Future[1]. Light and Dark are two absolutely different eternal Existences. In the beginning they were separate, as they should be. But in the *Past* the Dark made an incursion on the Light and some of the Light became mingled with the Dark, as it still is in the *Present*; nevertheless a means of refining this Light from the Dark was called into being and of protecting the whole realm of Light from any further invasion, so that in the *Future* the Light and the Dark will be happily separated.
>
> Light and Dark are the proper designations of the two Principles, but conjoined with the idea of the Light was everything that was Good, orderly, peaceful, intelligent; with that of the Dark everything that was Bad, anarchic, turbulent, material. "The difference between these two Principles is like that between a King and a Pig: Light dwells in a royal abode in places suitable to its nature, while the Dark like a pig wallows in mud and is nourished by filth and delights in it[2]." Another expression of this fundamental
>
> [1] See Alfaric, II 66, and the *Khuastuanift* (quoted below).
> [2] Cumont, II 97, a quotation from Severus, who is quoting a work of Mani, very probably that called *Kephalaia* in Greek and *Do Bun* (*i.e.* 'Two Roots') in Persian.

（二宗三际）

达先生不曾在文章中引用过《摩尼教徒的宗教》一书，倒是后来研究摩尼教的专家，如林悟殊先生、芮传明先生，都引用过。当然，向达先生也不曾在文章中引用过阿里安的《亚历山大远征记》，不过我觉得这样反而更好，这样这两本书在我心目中反而更有价值了，因为它们可以多少让我们了解到向达先生的学术视野有多宽广。

李安宅

1939年是李安宅学术生涯的一个转捩点：这一年，他与夫人于式玉来到拉卜楞藏区，开始了其藏学方面的研究。今天，人们主要将李安宅看作一位藏学家，《藏族宗教史之实地研究》也是他影响最深远的著作。但在1939年以前，李安宅主要是一位书斋里的社会学家、人类学家，其人类学实践是1934年至1936年间在北美印第安人社会中短暂调查时进行的。从1939年开始，李安宅逐渐完成了由研究、译介西方社会学、人类学的学者向从事中国本土人类学考察的学者的转变。

李安宅一生中两次赴美，两次国外考察经历对其学术路向有较大影响。我买到过两部李安宅先生旧藏的英文学术书，恰好分别对应他的两次留美经历。

第一部书是《罪与性》(*Sin and Sex*)，罗贝尔·布里佛（Robert Briffault，1876—1948）著，纽约麦克米伦出版公司1931年版。书前空白页有李安宅的签名"Li An-che 1936"。这位罗贝尔·布里佛，本是法国人，后在新西兰居住过，最终定居于英格兰，治社会学

ROBERT BRIFFAULT
AUTHOR OF "THE MOTHERS"

SIN AND SEX

NEW YORK 1931
THE MACAULAY COMPANY

Li an-che
1936

与人类学。他写过一部挺有名的大书，厚达两千页，分三册出版，叫《母亲》（*Mothers*，1927）。李安宅根据后来出的一卷本节略版《母亲》译介过布里佛的思想，这篇文字题为《卜里法特论"爱底起源"——"恋"非"爱"》，收入李安宅的《社会学论集》（1938）。李安宅大概不知道 Briffault 这个姓最后的字母 t 是不发音的，所以把这位学者的名字译成"卜里法特"了。

《卜里法特论"爱底起源"——"恋"非"爱"》的"译后记"称："本文所据的这本书，计三百余页，定价美金四元，是巨著《母亲》三大本底单本提要，且答复那三大本所得到的批评。三大本于一九二七年出版，价二十元。此外，据译者所知，他更有下列各种著作：《人类之形成》（*The Making of Humanity*），一九一九年出版，价五元；一九三〇年版改名《理性的演化》，价三元五；《心灵之灯》（*Psyche's Lamp*），一九二一年出版，价五元；《罪与性》（*Sin and Sex*），一九三一年出版，价三元；《瓦解：传统文明底解体》（*Breakdown: The Collapse of Traditional Civilization*），一九三二年出版，价二元五。"（《社会学论集》，1938 年版，第 120 页）这篇"译后记"末署日期为 1934 年 6 月 12 日。既然《罪与性》一书李安宅是 1936 年才购得的，可知其撰此"译后记"时应该还未读过布里佛的这部书，只是凭借其他材料提供了信息而已。

"译后记"后又有1938年4月的"校后记"谓:"卜氏底书与开鲁窝顿底一篇文章(见译者《两性社会学》附录甲《近代人类学与阶级心理》)都有批评魏斯特马克的地方。"(同上)这里提到的开鲁窝顿(V. P. Calverton)的文章,收入李安宅译《两性社会学》,其第三节讲魏斯特马克(Edvard Westermarck,现通译韦斯特马克)的婚姻与道德学说一度广受尊奉,"特别是大学,立刻接受他,算他作前导,没有人敢不尊重他底权威。《人类婚媾史》(引者按:现通译《人类婚姻史》)实际就是社会科学底新圣经。这种情形继续下去,直到一千九百二十几年才被布里法特用所著《母亲》将魏氏底结论驳得落花流水,不复成立。"(《两性社会学》,商务印书馆1937年3月版,第269页)"布里法特",即"卜里法特",即布里佛。开鲁窝顿后面还有对布里佛的长篇引用,此不赘。

李安宅既着意译介过布里佛的文字,在美国的书肆中见到他探讨性禁忌与性道德的著作《罪与性》,自然没有不购读的道理。在这部《罪与性》书后空白页一角贴着一小张二手书店的地址、电话签,显示是纽约哈莱姆区的理想书店(Ideal Book Shop)。据《李安宅自传》,李安宅那一时期的经历是:"1934—1935,在美国西岸加利福尼亚大学研究院人类学系(民族学系)。1935—1936,在东岸耶鲁大学研究院人类学系作研究员……"（王川《〈李安宅自传〉的整理与研究》，中国藏学出版社2018年12月版，第32页）则《罪与性》为1936年李安宅在耶鲁作研究员时所购。同年，他就回燕京大学执教了。

李安宅第二次赴美，是获耶鲁大学研究院人类学系主任欧兹古（Cornelius Osgood，现通译奥斯古德）邀请，于1947年夏到该校任客座教授。1948年赴英。1949年10月底回到成都华西协合大学。

1969年3月，李安宅写过一份材料，后由陈波整理，以《回忆海外访学》为题，刊布于王铭铭主编的《中国人类学评论》第16辑。该文中提及："我由耶鲁大学先后共得工资四千元加一千元美金，其中包括每月生活费和由中国至美国得路费，假如第二年没有另外的安排，还要包括由美返国的路费，但耶鲁大学这笔开支是由外庆（Viking）基金请的款，所以同外庆基金通过定期举行的，在纽约召开的人类学报告会搞得熟习以后，又有外庆基金直接补助私人购置书籍杂志资料费一千元……"（《中国人类学评论》第16辑，世界图书出版公司2010年6月版，第162页）也许就因为这一次有了一千元的书籍杂志资料费，李安宅得以购买不少英文学术书。

2024年2月，四川一家旧书店在网上售卖李安宅旧藏外文书籍约二十种，其中较精粹之英文人类学、社

A Scientific Theory of Culture
AND OTHER ESSAYS

BRONISLAW MALINOWSKI

The first major exposition of a doctrine that has become a *cause célèbre* in modern anthropology—a theory of culture in terms of the operating needs of the human organism. The fruit of a lifetime of research and field work, this book offers new interpretation of the drives that motivate human life.

CHAPEL HILL

会学理论著作不到十种。由于悬价太昂,势不能多购,我只好从中挑选了我认为最有价值、最有意义的一种买下。这就是人类学家马林诺夫斯基(Bronislaw Malinowski,又译马林诺斯基)的《科学的文化理论》(*A Scientific Theory of Culture and Other Essays*)一书,北卡罗来纳大学出版社1944年初版本。书前空白页右上角有李安宅的签名"Li An-che"。

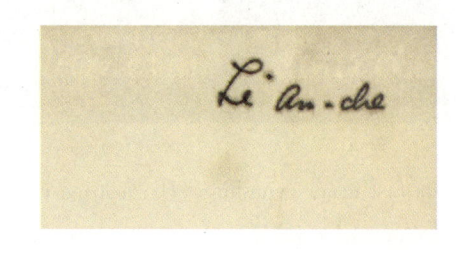

李安宅在学术上与马林诺夫斯基有甚深渊源。1928年夏,尚在燕京大学社会学系求学的李安宅就翻译出马林诺夫斯基《两性社会学》一书的初稿。1931年,因翻译之事,李安宅与马林诺夫斯基有了书信往来。后《两性社会学》中译本于1937年出版。马林诺夫斯基在给李安宅的回信中曾提议李安宅将1929年即开始翻译的论文《巫术科学与宗教》(*Magic Science and Religion*)和另外一本小册子《原始心理与神话》(*Myth in Primitive Psychology*)合为一册在中国出版。这就是

1936年面世的《巫术科学宗教与神话》一书。李安宅翻译的这两部马林诺夫斯基著作，在中国流传极广，尤其是20世纪80年代的影印本，凡对人类学感兴趣的，几乎都读过。

《科学的文化理论》出版时，马林诺夫斯基已逝世两年，但他在学术界的影响却正在鼎盛之时。李安宅1947年到美国之后，当然要找问世还不是很久的这部书来读。事实上，李安宅嗣后还在文字中提及该书。汪洪亮《学随世变：李安宅的学术人生》披露了一份李安宅未刊稿，题为《十年来美国的人类学》，文末署"1948年1月14日于耶鲁"。此文是李安宅对在美研究、交流以及阅读的心得加以提炼总结的一份重要记录，显示他对当时美国人类学界的"行情"非常熟悉。文章第二部分"人物的动态及主要的书刊"写道："在专著方面，有兑卜湟的《阿落人》（梅兰内西亚的Alor），马林檽斯基的遗著《科学的文化论及其他》……"（《学随世变：李安宅的学术人生》，人民出版时2023年11月版，第133页）"马林檽斯基"是李安宅对马林诺夫斯基的一贯译法。顺便一提，1987年上海文艺出版社在影印《巫术科学宗教与神话》一书时，对正文首页的"檽"字进行了挖改，变成了"诺"，所以有些读者可能未必留意到李安宅拟定的这一特殊译名。1999年，《科学的文化理论》一书经黄剑波等移译为中文，由中央民族大学出版社出版。

陈波在《回忆海外访学》的《整理后记》中曾详细记叙他从四川一家古玩商店购得一批李安宅笔记、手稿、藏书的经过，对外文藏书，只提到了卫三畏（Samuel Wells Williams）编著的《汉英韵府》和叶斯开（Heinrich A. Jaschke）编著的《藏英辞典》（雷兴〔Ferdinand Lessing〕签赠李安宅者）二种。此外未道及的，想必亦多。

《罪与性》《科学的文化理论》这两种书，在李安宅流散的诸多藏书中，恐完全算不上贵重者。但它们提示了李安宅作为书斋里的社会学家、人类学家的那一面，又都经他在文章里述及，我私心以为，还是值得珍重的。

张若名

1948年4月，张若名随丈夫杨堃从北平飞到昆明，这也是她人生的最后一站。杨堃出任云南大学社会学系教授、主任，张若名则在中文系讲授文艺理论与世界文学史。1949年12月，昆明解放，此后张若名的教学、写作迅速向马克思主义和苏联标准靠拢，洗脱旧气质，追赶新潮流。

我手上有一册巴尔扎克小说《幻灭》（*Illusions Perdues*）的法文版，由法国出版联合会（Les Éditeurs Français Réunis）出版于1954年10月，书后有国际书店贴上去的中文价签，定价人民币旧币75000元（相当于1955年后新币的7.5元），在当时可说是极高的价格了。书的护封上写着"张若名"三个字，是她的亲笔。

张若名读《幻灭》读得很仔细，从第一页到最后一页，一直有蓝钢笔、黑钢笔或红铅笔的画线。此外多处折角，还有个别地方有中文、法文的批注。如在第404页，竖线画了一大段，批注"Cointet商人的性格"。这里的Cointet，指《幻灭》中的一个角色，傅雷

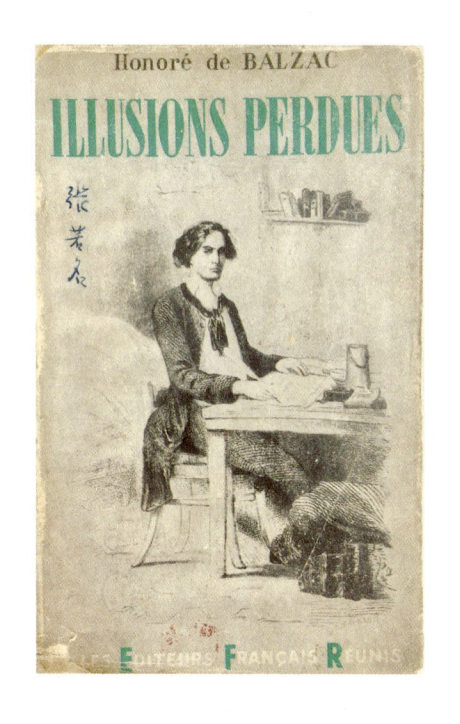

译作"长子戈安得"——注意,"长子"不是年长的儿子,而是高个儿的意思,与"矮子"对应。长子戈安得是印刷界的奸商,在张若名画线的这一段,巴尔扎克对此人做了入骨的刻画。现节引傅雷译文如下:

逢到望弥撒,忏悔,领圣体的日子,他无有不到。面上装做和颜悦色,近于懦弱,其实他的顽强的野心不下于教士,在生意上贪得无厌,既要利,又要名。中等阶级在一八三〇年革命中到手的种种好处,长子戈安得从一八二〇年起就想要了。心里痛恨贵族,也不关心宗教,他的虔诚正如波那帕脱加入山岳党,完全是投机。当着贵族和官府的面,他的腰背特别软,自然而然会弯下去,表示自己渺小,低微,殷勤。还有一个特点可以描写这个人物,做惯生意的人听着也更能体会其中的奥妙。他戴一副蓝眼镜隐蔽眼风,说是当地地势太高,阳光强烈，地面和白色建筑物上的反射太刺激，需要保护眼睛。他的身材只比普通人略高一些，因为清瘦而显得很高，而清瘦又说明这个人工作繁忙，思想老在活动……

张若名为什么要在这个时候读巴尔扎克？恐怕并不是出于增强法国文学修养的目的，而是为了用时兴理论去拆解分析它。《云南大学学报》1956年第一期发表了张若名的文章《欧洲旧现实主义的成就和缺点》，文中大量引用马克思、恩格斯、列宁、高尔基，还有季莫菲叶夫、尼古拉耶娃、伊瓦施清科、阿尔希帕夫等苏联学者的论著，带有那个时代独特的"一边倒"的气息。如果不看署名，你还以为是专攻俄国文学的人写的呢，绝想不到它出自法文专家之手。文章探讨的主要对象，即所谓"欧洲旧现实主义"，张若名在第五节举出两大代表——巴尔扎克和托尔斯泰。第七节写道："结合着巴尔扎克的作品来看，他的进步思想和落后思想，不断地在斗争。虽说，他的现实主义的创作手法不断地促使他的进步思想在发展着，同时也促使他的保守思想不断地减少，然而这两种思想的斗争却始终没有完全消灭，这从《朱安党》，经过《驴皮记》《幻灭》直到《农民》都证明这一点。"（第56页）在这里，《幻灭》两个字出现了。我想，若非《幻灭》批注本存在，文章的读者读到这些书名的时候只会以为不过是泛泛列举,不会知道作者实际上下过怎样的细读功夫。

《欧洲旧现实主义的成就和缺点》文后附注:"这一篇东西是在 1955 年 6 月间写成的。"推算起来,张若名读《幻灭》很可能是在 1955 年上半年。此时距她投河自尽,还有三年时间。

巴尔扎克的创作与现实之间的关系,倒是张若名持续关注、思考的。1948 年 3 月,张道藩主编的《文艺先锋》杂志发表了张若名的文章《漫谈小说的创作》,主要谈法国近代的几位著名小说家,有一段引用巴尔扎克的创作心得,谓:

> 巴尔扎克有一段话说得更为透彻,他曾说:"为得写作,我先到民间去,去观察他们得风俗习惯,和每个人的品德,我穿上破旧的衣服,不修外表,使他们不注意到我,我好夹杂在他们中间,去观看他们怎样生活,怎样争名夺利,打架吵嘴,与怎样劳苦工作,工作后怎样回家——然后我也回到自己家里,我乃于不知不觉间,就变成了一个乡下人,而我的观察,亦就由'外在的'变为'内在的'。最初我仅注意到他们的外形,而现在却能认识他们的生活真相了。"(《文艺先锋》第十二卷第二期,第 3 页)

当然，在这个时候，她还只是引用巴尔扎克、福楼拜、左拉，高尔基们尚未登场。再往前回溯，1941年至1943年，她在旧京的《法文研究》杂志上评注法国名家之作，那是谈说拉布吕耶尔、帕斯卡、贝玑、普鲁斯特、雅姆、巴雷斯的年代。时、位之移人，有如此者。

于赓虞

新诗创生的十几二十年间，诗人辈出，群星闪耀，其中有一颗不怎么耀眼的小星，一闪即逝。其诗早无读者，其人也几乎被遗忘了。"此理之常，无足怪者。"若不是偶然得到了一册诗人旧藏的英文书，我实在也想不起他来。

英文书的书名页钤篆印二，朱文的一方为"于赓虞印"，白文的一方为"波西之章"。诗人于赓虞（1902—1963），河南人，20世纪20年代活跃于北京诗坛，与焦菊隐、赵景深、徐志摩、丁玲、胡也频等交游，也出过好几本诗集。"波西"是他的笔名之一。1932年，于赓虞回到河南，在省立开封师范学校任教，声名遂不出豫地。其后，创作日稀，从文坛消失了。

此书题为《希腊的诗歌观》（The Greek View of Poetry），作者塞克斯（E. E. Sikes）是剑桥圣约翰学院的院长、古典学家。《希腊的诗歌观》，与狄金森（G. Lowes Dickinson）的那本《希腊的生活观》（有民国间彭基相译本），同为英国梅休因（Methuen）公司出版。于赓

THE GREEK VIEW OF POETRY

BY

E. E. SIKES, M.A.

PRESIDENT OF ST. JOHN'S COLLEGE, CAMBRIDGE

AUTHOR OF
"ROMAN POETRY" "THE ANTHROPOLOGY OF THE GREEKS" ETC.

METHUEN & CO. LTD.
36 ESSEX STREET W.C.
LONDON

虞旧藏的这一本，是 1931 年的初版本。

书中有些段落用红铅笔画了线，关于亚里士多德的一章画线尤多。看来诗人用心读了这本书。那他会不会将阅读所得写进自己的文章里呢？我翻检解志熙、王文金编的《于赓虞诗文辑存》，居然很快就找到了。《辑存》下册收《孔丘与亚里士多德论诗的比较》一文，原刊 1932 年 5 月 27 日的《河南民国日报》副刊。该文没有直接引用《希腊的诗歌观》一书，但我留意到其中有一句提到"那作 *On the Sublime*（依内容应译作《杰作论》）的 Longinus"，说古罗马的朗吉驽斯所作《论崇高》应该译为《杰作论》，这种观点当然不大可能是中国人在毫无依凭的条件下想出来的。《希腊的诗歌观》第八章专论朗吉驽斯，其中关于《论崇高》之题，谓："若不是书名早已约定俗成，最能达旨的题目也许应该是《杰作论》。"（"...and if the name of the book were not fixed by tradition, we might best convey its character by the title *On Great Writing*." 见该书第 209 页）于赓虞所云，因袭之迹明显。

有意思的是，《希腊的生活观》出版于 1931 年，到 1932 年 5 月，于赓虞就不仅读了书，还写进文章里去了，可见他对英文文艺理论书籍搜求之勤、爱好之殷。翻览《于赓虞诗文辑存》文章部分，给我最深印象的，就是于赓虞读文学理论，确实下了大功夫，眼光就那个时代而言也算相当高了。

他读英文书多且读得仔细，别人以编译为著述，他自然容易发现。1932年4月22日发表在《河南民国日报》副刊的短文《书两种》就一下揭露了好几位稗贩家……尤使我惊奇的，是于赓虞揭露王希和"书两种"都是编译的："王君不是专门研究诗的人，所以他编的《诗学原理》乃偷窃自 Prescott 的 *The Poetic Mind*；他著的《西洋诗学浅说》，乃是在 Alden 的 *Introduction to Poetry* 上跑野马！"王希和编著的这两种书，此前我皆曾约略翻过，以为在民国一众诗学著作中属颇有理致者，不意皆为剽贼之作。要能看穿剽贼的伎俩，并且指认出所据之书，显然先须认真读过那些原著，于赓虞的文学理论修养之深，于此或可窥见一斑。当然，于赓虞自己的文章，直接援据、改编欧美文论而未注明者，也并不少。毕竟，那还是个简单粗放、初具雏形的批评时代，论西洋文学而能自出机杼者，实在寥寥。

不过，我想，今后假若有人重写中国现代诗歌史，被论析的诗人中没有于赓虞，或亦无妨；但假若要撰写中国现代西洋文学理论的接受史，不提于赓虞，就未免有些遗憾了。

张世禄

1932年1月28日午夜，日本海军陆战队突袭上海闸北，第十九路军总指挥蒋光鼐、军长蔡廷锴指挥军队顽强抵抗，这就是有名的"一·二八"事变。在此战事中，商务印书馆附设的东方图书馆及其藏书被毁，乃中国现代文化载籍之一大厄也。

1933年东方图书馆复兴委员会所编《东方图书馆纪略》曾据事发当时报道叙述图书馆"被毁情形"："〔民国〕二十一年一月二十九日商务印书馆总厂被日军飞机掷弹焚毁，其时即已有人传言因火焰冲过马路，东方图书馆亦遭殃及。故当时上海市长吴铁城谈话中有'古籍孤本尽付一炬'之语。迨二月一日晨八时许东方图书馆及商务印书馆编译所又复起火。顿时火势燎原，纸灰飞扬。烟火冲天，遥望可见。直至傍晚，此巍峨璀璨之五层大厦方焚毁一空。当时传者莫不谓日本浪人以商务印书馆被毁犹以为未足，特再潜入东方图书馆纵火焚烧云。东方图书馆三十年来继续搜罗所得之巨量中外图书，极大部分之旧四部各善本书，积累多年之全部中外

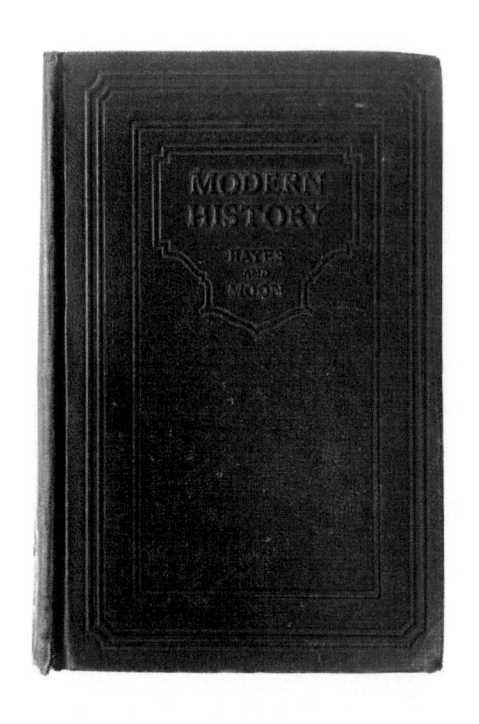

杂志报章，全套各省府厅州县志，以及编译所所藏各项参考书籍及文稿，至是尽化为劫灰。"（第7页）不过，东方图书馆的"巨量中外图书"是否"尽化为劫灰"，竟无一丁点孑遗呢？揆之情理，恐不尽然。

2017年5月，我得到一部英文精装本海斯（Carlton J. H. Hayes）与穆恩（Parker Thomas Moon）合著的《现代史》（*Modern History*），纽约麦克米伦公司1928年版。海斯与穆恩还合著过一部《古代与中世纪史》（*Ancient and Medieval History*）。这两部书写得通

MODERN HISTORY

BY

CARLTON J. H. HAYES
PROFESSOR OF HISTORY IN COLUMBIA UNIVERSITY

AND

PARKER THOMAS MOON
ASSISTANT PROFESSOR OF HISTORY IN COLUMBIA UNIVERSITY

New York
THE MACMILLAN COMPANY
1928
All rights reserved

此書當年由閘北火線中搶運衣箱搶出者收存以留紀念歸上東方圖書館 張元濟檢還
24/9/20

俗简明，在20世纪30、40年代一度很流行，被不少大学选为历史教本。中国国内译介的海斯、穆恩及韦兰（J. W. Wayland）三人合著的《世界史》销行极广，到今天虽已完全过时了，却还有出版商不断重版牟利。

在这部《现代史》书前空白页贴有一张毛笔所书的便笺，书法漂亮，写的是：

> 此书当年由闸北火线中随衣箱携出。乞收存，以留纪念。嵩上　东方图书馆
>
> 张世禄检还　24 / 9 / 20

张世禄先生后来成为著名的语言学家，1928年至1932年，他在上海商务印书馆编译所任编译员。在此期间，他编撰了《德国现代史》，1929年10月由商务印书馆出版，还参照美国语言学家布龙菲尔德的《语言学入门》一书编著了《语言学原理》，1931年4月由商务印书馆出版，并从英文翻译了高本汉的《中国语与中国文》一书，1931年9月由商务印书馆出版。从编撰《德国现代史》的经历看，张世禄从东方图书馆借阅海斯、穆恩的《现代史》，或许是另有类似撰述的计划。

东方图书馆被焚毁，五层大厦所贮藏书皆化为飞扬的纸灰，而这部普普通通的《现代史》，却因被张世禄借出，幸免于难。它被装入衣箱，穿过火线，得以完整

保存，又在数年后被送归东方图书馆。对一部书而言，这应该算一段不平凡的经历了。

张世禄在便笺上所署日期"24 / 9 / 20"颇费猜度，因为若单单看数字，实有数种可能：如按英式写法就是1920年9月24日，或按当代通行写法是1924年9月20日；换作民国纪年，也有1931年9月24日和1935年9月20日两种可能。后来我在网上发现一份张世禄签赠的论文抽印本，借助它，解决了日期判定问题。这份《暨南学报》第一卷第二号的抽印本，为论文《国语上轻唇音的演化》，由张世禄签赠"国语推行委员会"，末署日期"25 / 8 / 18"。由于《暨南学报》第一卷第二号出版于民国二十五年（1936年）6月，"25 / 8 / 18"遂只存在唯一一种可能，即"民国二十五年八月十八日"。既然了解了张世禄书写日期的习惯，我们就可知道便笺上的"24 / 9 / 20"是"民国二十四年九月二十日"，即1935年9月20日。

1932年2月1日东方图书馆被焚，第二年商务印书馆就展开了复兴东方图书馆的活动，成立东方图书馆复兴委员会。张世禄为何在"一·二八"事变后的三年半才将书归还呢？

事实上，"一·二八"事变的战事令上海受重创，当时文化事业大多停顿，为数不少的商务印书馆编辑流失他去。张世禄即在此时离开了商务印书馆，专在大学执教。现存文物显示，复旦大学在1932年8月22日给张世禄发出了为期一年的聘书，聘他为中国文学系教员；暨南大学在1933年6月30日给张世禄发出的聘书，则聘他为1933年度大学部教授暨中国语文学系主任（聘书原件图片均见微信公众号"文化语言学新视野"2022年11月22日发布之申小龙文章《书剑飘零中，他抱真守一，初心如雪——纪念我的导师张世禄先生诞辰120周年》）。

复兴东方图书馆的活动虽发轫于1933年，但进展实较迟缓。在外文书方面，东方图书馆于1934年10月接受了德国文化团体捐赠的三千余种德文书，于1935年6月接受了上海法租界公益慈善会捐赠的一千五百余种法文书。后一次捐赠仪式甚为隆重，法国驻沪总领事博德斯、汉学家伯希和出席，中国方面的代表则有褚民谊、蔡元培、李石曾、张元济等。受赠书籍并于6月7、8两日在法租界公董局公开展览。我猜，张世禄也许是在得知东方图书馆获赠法文书的消息后想到自己这里还暂存着一部东方图书馆的藏书，于是想方设法把它还了回去。

1937年"七七"事变爆发后，原本就不很顺利的东方图书馆复兴计划终于搁浅。除了作为被侵略的惨痛证据，东方图书馆已很少被人提及了。在这部海斯与穆恩合著的《现代史》书后空白页上，还留有印着"上海东方图书馆"字样的出借卡，上面唯一的出借记录是在 1930 年 3 月 30 日。新中国成立后，此书曾为高等教育出版社接收。再往后，不知辗转了多少次，到了我手上。每次翻开书页，谛视张世禄写的那张便笺，便不自觉地开始想象硝烟、战火、街垒和废墟。惟愿那光景永不复现。

李一氓

1951年,李一氓作为中国代表团代表出席世界和平理事会会议,后即出任理事会常务理事、中国书记,常驻维也纳。这个位子,大体说来,算"闲职",李一氓在给何方的信里说自己是去做"游仙"。

那时,陈乐民是李一氓的属下,他后来在《氓公的风格》一文中回忆:李一氓"带着我们三四个人。我们每天工作、生活在一起……氓公是老一代的革命家,但在我眼中他更是一个兴趣广泛的读书人。他读书甚多,尤喜线装书……他也看外国书,在维也纳常去旧书店走走看看。我们那一摊还做些关于国际问题的调查研究工作。氓公和我们几个人一样分担一个题目,认真地读书做笔记、剪贴报纸。他分工研究英国工党……"。《一氓题跋》中,《英译一八八八年本共产党宣言》一则末署"一九五四年,维也纳"(生活·读书·新知三联书店1984年1月版,第293页),《英文本杜甫传》一则称"一九五六年初见于维也纳旧书店"(第299页),《记几件马克思、列宁的手迹》一则写道:

> The
> BRITISH
> POLITICAL SYSTEM
>
> by
> JOHN GOLLAN
>
> 1954
> LAWRENCE & WISHART LTD.
> LONDON

"一九五六、五七年期间,我在维也纳工作。维也纳的旧书店很多,很大,分门别类,买旧书很方便。因为这么一个外国环境,我就起了买《资本论》德文初印本第一卷、法文译本第一卷、英文译本第一卷的念头。经过一些时间和周折,这三卷书,居然前前后后都被我弄到手……"(第299页)可见,李一氓在维也纳着实买了不少外文书。后来,这些得自维也纳的"红色善本"归国家图书馆收藏,彭福英《国家图书馆西文善本之李一氓藏书浅谈》(《文津学志》第五辑,国家图书馆出版社2012年8月版，第349—356页）一文介绍了李一氓题跋、钤印的西文书13种，其中绝大多数购于维也纳。

2018年9月，我见到人家卖的旧书里有一本英文的，就买下了，书的扉页上有用钢笔写的几个字——"李一氓 1955 维也纳"。

书名叫《英国政治体制》(*The British Political System*)，作者约翰·高兰（John Gollan），跟李一氓倒是有些关系的。李一氓50年代初曾译过一本小册子，是约翰·伊顿著《英国工党的假社会主义》，翻译此书的缘由李一氓晚年在回忆录里写过："那是1951年初，我代表党中央去参加德国共产党代表大会，在会上遇见英国《工人日报》的副总编辑高兰（John Gollan），后来是英国〔共产〕党的总书记，他作为英国〔共产〕党的代表，提到这本书才在伦敦出版，我向他讨了一本。"这样看，高兰可说是李一氓的旧识了。《英国政治体制》1954年出版于伦敦，次年李一氓就在维也纳读了，一

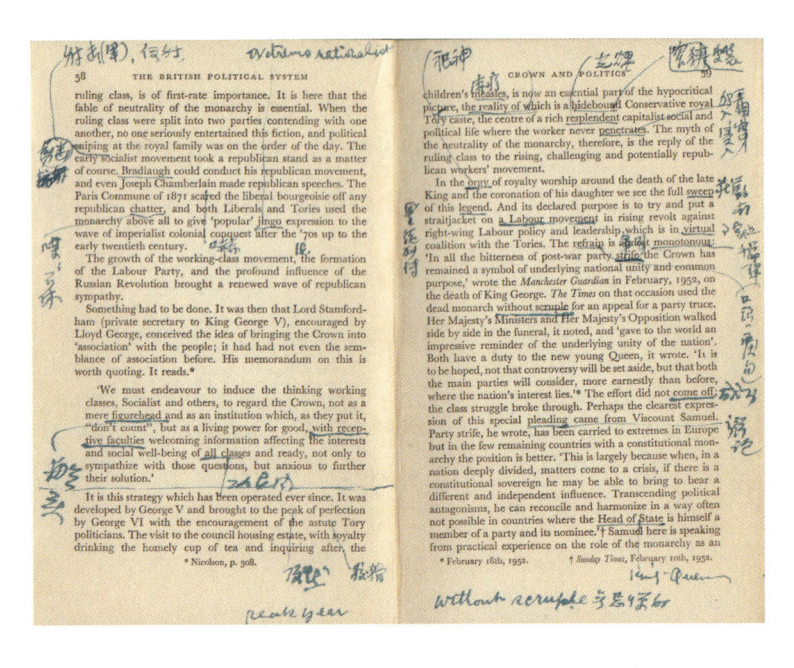

方面固然因为他有研究英国工党的政治任务,另一方面也因为书是友友所著罢。

书的主人读得很仔细,画线、标注,有时候一页上批了几种颜色的字,"丹黄烂然"。不过,多数标注都是用汉字注出英文词的意思。应该承认,假如这些词对这位读者来说都是生词的话,那他的英文水平不算高,而那些中文字似乎又确是出自李一氓之手。

李一氓青年时代先后在上海大同大学、沪江大学、东吴大学读过书,他在回忆录里写,在沪江曾"专心念英文,什么狄更斯的《双城记》、朗费罗和惠特曼的诗,都是那个时候学的，但成绩并不佳"。1929年到1930年，李一氓曾连续翻译了几本小书：《新俄诗选》《马克思与恩格斯合传》《马克思论文选译》，其中第一、第三种是郭沫若帮忙校订的。李一氓后来说："搞这些翻译工作，当时有两个困难：一是英语的文字水平不高，二是马克思主义的知识极为贫乏。"八十年代，李一氓在《记马克思论文选译的翻译》一文里又说："不怕笑话，以我当时的理论水平和语文水平，贸然就翻译马克思主义的经典著作，实在胆大。"

李一氓的这些说法，或许不完全是谦辞。但1955年他已五十三岁，仍肯下那么大的力气读书，我总觉得，是件了不起的事；在人前表现自己如何饱读诗书，跟在人后老老实实"丹铅事点勘"，究竟是不同的。陈乐民说李一氓是个读书人，大抵不错。当然，不晓得什么原因，那本《英国政治体制》他只读了前四章，后面的就没读了。再认真的读书人也不一定要把每本书都读完，正常。

钱歌川

说来惭愧,这本书来来回回在眼皮底下过了好几回,我都没能把那方小印上的字认全。印文是行草体的,右边一个"钱"字无疑义,左边我一直以为也是一个字。隔了一个月,又看到,端详良久,才醒悟:原来左边是一上一下两个字,"歌川"。这是钱歌川先生的印。

钱歌川早年以笔名"味橄"在中华书局出版的散文集《北平夜话》《詹詹集》,封面题签分别署"钱歌川""歌川",取与小印上的字对比,风格完全一致,可知印文是钱歌川自书的。钱先生自己也刻印。他在《雕虫小技》一文中记述少年时学篆刻:"一直到我十八岁出国读书为止,我从没有放弃治印。除为我自己刻就各种名章和闲章之外,也就为亲戚朋友们刻。"书上钤的这方"钱歌川"小印,也许就是钱先生自刻的。

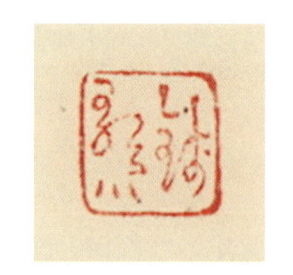

书名叫《剧作三种》(*Three Plays*)，英国人米尔恩（A. A. Milne）著，1923年初版，这本是"凤凰文库"（Phoenix Library）1930年重印本。米尔恩现在凭一只小熊闻名于世，但其实他还是个不错的剧作家、随笔家。米尔恩的剧作集，第一本叫《剧作初集》(*First Plays*)，第二本叫《剧作二集》(*Second Plays*)，到第三本，忽然不再排序，改叫《剧作三种》，第四本则叫《剧作四种》(*Four Plays*)。

民国文人对米尔恩的剧作相当熟悉。钱锺书先生读过《剧作初集》，吕叔湘先生译过一出独幕剧《哥儿回来了》，出自《剧作初集》。20世纪40年代后期，钱歌川主编的《中华英语半月刊》以英汉对照的方式译介了

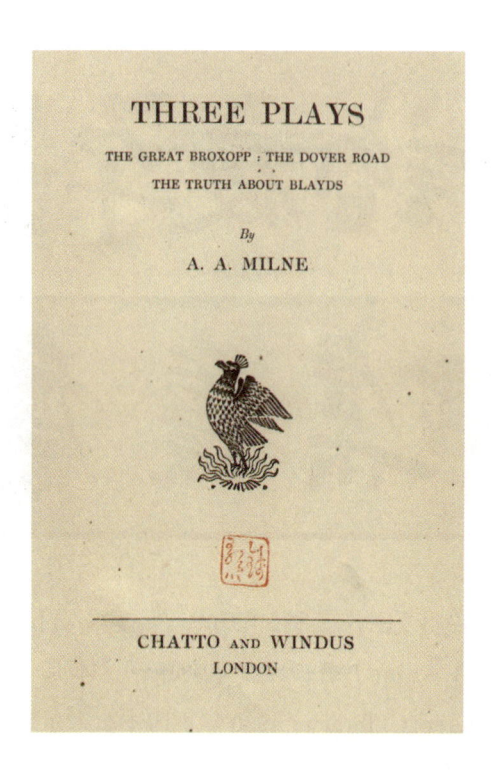

米尔恩的剧作 *Belinda*，在杂志上连载了许多期，这一部也出自《剧作初集》。赵元任先生译的《最后五分钟》则出自《剧作二集》。

钱歌川对米尔恩的随笔也很留意。如在《卖文杂忆》一文中写道："英国的作家米耳伦（A. A. Milne）有一篇随笔，叫作《著作的快乐》。实则全是写著作的痛苦……"1942 年 12 月，钱歌川译注的英汉对照本《现代英文选》在四川出版，里面选了米尔恩的名篇《黄金果》("Golden Fruit")——该篇施蛰存先生亦曾在文章里提过。1948年《中华英语半月刊》第十卷第十一期里登了篇米尔恩的随笔《性格的征象》("Signs of Character"),也是钱歌川译注的。

"买书成癖",是钱歌川对自己的描述。在《藏书与读书》一文中,他写道:"我生平别的嗜好都没有,就只是爱买书……我可以在一家极破旧的书店里,消磨几个钟头,连肚子都忘记饿了。好书真比什么还可爱,我常要倾囊倒箧才能离开书店。"钱歌川这么爱买书,买一本自己喜欢的作家的剧作集,再合理不过。

那一代民国文人为何如此青睐米尔恩?因为他的确幽默,而且是典型的英国式幽默,人情练达即文章。他的剧作,多刻画社会中上层男女的生活,比如《剧作三种》中的第一部,喜剧《了不起的布罗克索普》(*The Great Broxopp*),把商海沉浮变幻放进夫妻、父子、嫁娶等家庭关系里来写,诙谐又不无温情,虽是近百年前的剧作,读后犹有余味。这样的作品,为什么今天人们不再看了呢?道理很简单。因为好东西层出不穷,哪怕后来者未必真比以前的好多少,我们还是被裹挟着向前去。米尔恩的剧本、随笔,不知算不算"遗珠",反正被遗忘了也就忘了;若有人再捡起来,会发现它还是好的。

梁宗岱

1986年广东人民出版社出版的梁宗岱译《浮士德》，是我少年时读过的书。也许因为读惯了，现在仍觉得译笔比郭、董、钱、刘诸本好。该书据遗稿整理，面世已在梁宗岱身后三年。梁宗岱选译的《浮士德》，比较集中的是在《宇宙风》杂志第一百四十四、一百四十五期合刊（1946年11月15日出版）到第一百五十二期（1947年8月10日出版）连载。至于零星的摘译，就更早了，至少可以上溯至译诗集《一切的峰顶》（1937）。

梁宗岱青年时期即嗜读《浮士德》。20世纪30年代，邵洵美在《儒林新史》中曾对1926年在巴黎留学的梁宗岱有过一番刻画："我不记得，梁宗岱是不是老谢（引者按：谢寿康）介绍认识的。有几个朋友都叫他'青年会诗人'，因为他每天要做健身体操。他的两只臂膀，要是弯转了用一用劲，我们便可以看得出他的肌肉。他住在巴黎近乡一个工人家里，天天都读着歌德的《浮士德》，他说他是用法文的译本对照了德文原文读的；德文原文里有几行他可以很响亮地读出来。"

SCRIPTA MANENT
GOETHE
FAUST
A L'ENSEIGNE DU POT CASSÉ A PARIS

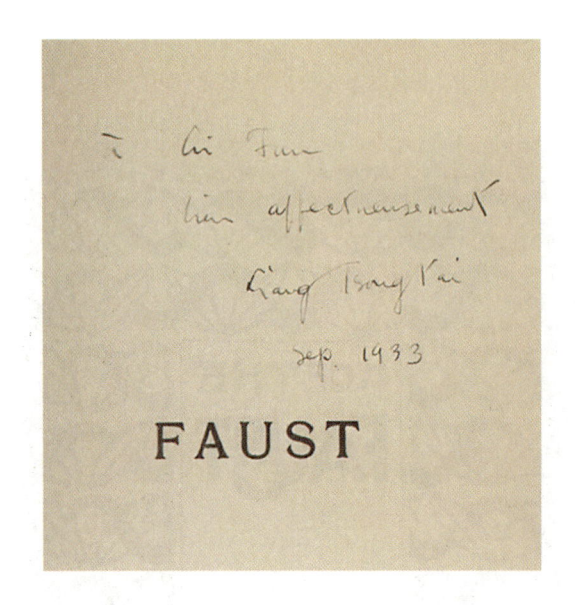

不知当时梁宗岱用的法文译本是哪一种。我倒买到一册《浮士德》法译本,是梁宗岱题赠给别人的。

此书出版于 1927 年 1 月,为巴黎所印,Scripta Manent(字永)丛书之一种,用的是奈瓦尔(Gérard de Nerval)的译文。奈瓦尔的散文体译本初版于 1828 年,据说歌德本人读了都赞好,令他声名鹊起。名译自然版本也多,或许梁宗岱此前就参考过。这一版是插图本,但我觉得木版画未免拙劣,亦有编号,为 2033 号,乃两千五百册普通本之一。

题赠是用法文写的,签名"Liang Tsong Tai"("梁宗岱"),日期写的是 1933 年 9 月。梁宗岱 1931 年年底返国，随即当上了北京大学法文系主任兼教授。1933年，他三十岁，正是风头最健之时——次年8月，他为了避丑闻，就携沉樱赴日了，此后虽在南开、复旦等校当教授，毕竟不如北大时风光。

受赠者"Ai Fun"，应即王霭芬女士。蔡登山在《"未完成的大师"：梁宗岱的诗艺与爱情》（《晶报》2022年10月14日）一文中记述："据笔者二〇〇七年访问已九十六岁高龄、一九三一年考入北大中国文学系后来成为女诗人的徐芳，她说梁宗岱当年曾追求过法文系班上的女生王霭芬。王是浙江萧山县人，高徐芳一个年级，王霭芬的父亲是北大数学系教授，与校长蒋梦麟同为浙江人，两人相友善。由于王霭芬长得漂亮，因此蒋梦麟看中她，要她日后嫁给他的长子蒋仁宇，成为他的儿媳妇。虽然有此婚约在身，王霭芬却极仰慕梁宗岱，两人交往亲密，后来王霭芬也拉着徐芳去见梁宗岱，表示要介绍她认识梁，但徐芳深感王霭芬是有其不得已之苦衷，想要摆脱梁宗岱，因为毕业在即，蒋梦麟许诺资助其与蒋仁宇双双出国留学，此段恋情方告无疾而终。"据陈磊《黄家宜和蒋仁宇》（《新文学史料》2023年第4期）介绍，王霭芬生于1912年，1930年初入北大，照片就多次登上《北洋画报》《新晨报副刊·日曜画报》《图画时报》等报纸，她性格活泼，经常和同学一同表演跳舞或话剧。1934年夏，她以法文系第一名的成绩获得中国教育基金委员会的留学资助，前往巴黎大学念文学硕士。王霭芬在出国的轮船上认识了黄花岗七十二烈士之一方声洞的儿子方贤旭，他是重新回到法国去完成土木工程学业的，王霭芬1936年学成回国，后与方贤旭结婚。

事实上，此《浮士德》法译本正出方贤旭、王霭芬夫妇旧藏——当时一批有方贤旭签名的法文书同时在售。原来，这本书是多情的梁宗岱题赠给他追求的女子的礼物。那么，它会不会就是梁宗岱自己当年在巴黎读的那本《浮士德》呢？我们已不得而知。无论如何，再看题赠中那句"bien affectueusement"（"非常热烈地"），就好像殊非寻常客套语，而是意味深长了，将其译作"亲热地""深情地"亦不过为。它竟是一本表白之书啊。

杨刚

2021年夏天,起念细读一读叶芝的诗,遂将叶芝的传记、相关研究,连同诗集注本,搜罗了不少。可惜,这个计划尚未施行就搁置了。2023年岁末,友人写就一部讲叶芝的大著,嘱为校阅,乃将这些蒙尘的书重找出来,略加检视。

其中有一册是大诗人路易斯·麦克尼斯(Louis MacNeice)的著作《叶芝诗论》(*The Poetry of W. B. Yeats*),牛津大学出版社1941年版。书名页写有三行蓝色钢笔字"一九四四年八月卅一日购于孟买Tajaposevala书店",后署"晦晨"两个字。

初购时,未暇留意"晦晨"为谁何。其实,只需上网一搜,就能知道这是有名的记者杨刚女士用过的笔名,1984年出版的《杨刚文集》里即收入一首题为《晦晨》的诗,写于1940年。杨刚的笔名很多——事实上,"杨刚"也是笔名。她原名杨季徵,29岁时出版的译著——简·奥斯丁的小说《傲慢与偏见》——则署名"杨缤","杨缤"是她自就读燕京大学就用开了的

★

LOUIS MACNEICE

THE POETRY OF W. B. YEATS

★ ────────────── ★

OXFORD UNIVERSITY PRESS
LONDON NEW YORK
TORONTO

★

一九〇〇年八月卅一日
購於玉臺
Toronto的書店
晓晨

一个名字。

《杨刚文集》附录胡绳、袁水拍的《追忆杨刚》一文，笔调近于官方定论，然公众对杨刚的认知亦往往同此，故将记述生平的一段节引如下：

> 杨刚同志在三十年代开始发表诗歌、小说、散文。她协助埃德加·斯诺编译短篇小说集《活的中国》，介绍鲁迅、茅盾、巴金等作品到国外去。她为报纸写国内外通讯、报告文学、社论，主编文艺副刊。在四十年代的新闻战线、文艺战线上留下了显著的业绩。她还在重庆、香港、美国的复杂艰难的环境里从事统一战线工作和外事工作。她结识了史沫特莱等英美记者和学者，帮助他们了解中国和中国共产党。全国解放后，她先后在外交部、国务院总理办公室、中共中央宣传部担任对外事务与宣传工作，曾任周总理主任秘书、《人民日报》副总编辑。……她生前为周恩来同志所倚重，并受到毛泽东同志的称赞。毛泽东同志在杨刚同志逝世后很久，还惋惜她过早去世，曾关心地向龚澎同志了解杨刚的情况，说杨刚是他所器重的女干部之一。

杨刚去美国的经历，一般文献皆简短记述"1944年夏赴美留学，兼任《大公报》驻美特派员"而已。

《费正清自传》（Chinabound）里倒记下了原委：杨刚去留学，是费正清帮她申请到了拉德克里夫学院的奖学金，费正清在外交部的友人也出了力，杨刚在燕京大学时往还最多的女教授包贵思（Grace M. Boynton）亦予支持。"她的出国护照多亏《大公报》发行人胡霖帮忙，才终于拿到手。"（《费正清自传》，黎鸣、贾玉文等译，天津人民出版社1993年8月版，第339页）但假若在孟买的书店里买下《叶芝诗论》的那个人就是杨刚，该如何解释她1944年8月不在美国而在印度的事实呢？

原来，杨刚是从战时的重庆转道印度，之后才乘船去美的。关于杨刚在印度的踪迹，也有旁证。1945年6月12日，金克木从加尔各答致信沈从文，里头有这样一句："树臧兄消息闻之甚为欣慰，前杨刚过印时已曾言矣……"（《风烛灰》附录）所谓"杨刚过印"，当指1944年杨刚途经印度。还有一段叙述，格外生动，出自赵萝蕤《杨刚二三事》。这篇文字刊于北京《文史资料选编》第二十八辑（北京出版社1986年9月版），此后几种赵萝蕤的文集均未收入，读者想来不多。赵萝蕤与杨刚，乃燕京大学旧识，《杨刚二三事》记二人重遇：

> 我们再次见面却很意外，那是一九四四年秋在印度孟买的大街上。久别重逢，格外亲热。她熟识一位印度女记者。在我们候船去美国的日子里，我

们经常在一起，一同谈天，还看了许多印度的民间歌舞。我们也访问了孟买印度共产党的总部（书记是约希同志）。好像这是个有三层楼的大四合院，住着许多同志。我们上楼盘膝而坐，吃了一顿很丰盛的手抓饭。我们从孟买同船去美国，航程十八天，路上杨缤的兴致一直很高，常常赋诗言志，并嘱我以后要给《大公报》投稿。

赵萝蕤当时与丈夫陈梦家同行。二人于1944年9月16日从昆明飞往加尔各答。《陈梦家先生编年事辑》称："据芝加哥大学东方研究院档案所存1944年11月24日赵萝蕤致威尔森函……他们在加尔各答待了10天，在孟买度过了18天。"（《陈梦家先生编年事辑》，子仪撰，中华书局2021年8月版，第176页）这样推算起来，杨刚、赵萝蕤、陈梦家等人大约是在1944年10月15日从孟买上船赴美的。在那册《叶芝诗论》里夹带了一份油印英文小报，名为 The Mitchell Pacifier，日期为1944年10月26日。稍稍查检，原来这是二战后期服役的美国军舰威廉·米切尔将军号（USS General William Mitchell）上发行的一种小报，刊载当时全球战况。据记载，威廉·米切尔将军号于1944年10月7日停靠孟买，11月17日最终泊于加州圣迭戈。杨刚一行很可能就是搭乘这艘军舰到美国的。赵萝蕤称航程共十八天,则他们是11月初才抵达美国。这份10月26日的小报,应该是杨刚在船上读了之后随便夹进自己的书里的。

关于杨刚初到美国时的情形,最有价值的中文文献是萧乾写的《杨刚与包贵思》(见《杨刚文集》附录)。文章译引了一些杨刚写给包贵思的信,时间集中在1945年2月到10月间。其中写于2月12日的一封信,杨刚记述了在拉德克里夫学院就读的情形,尤其是谈到了对外国文学的兴趣:

> 我已经在五号注册了,选了小说、批评、一八〇〇年以来的抒情诗以及德语。其实,我很想专门研究现代文学。抒情诗还算是较接近我的理想。我不想拿学位,拉德克里夫学院当局也已同意了。只有德语一课我是正式生,其他几门都是旁听。这个学期三月五日开学。我还参加"亨利·詹姆斯、麦尔维尔及德莱塞作品选读"及英文作文。我以后也许放弃德语,因为太占时间,也太枯燥。我同时还得给《大公报》写稿,要看许多报刊,访问许多人。我对了解这个国家以及这里的人很感兴趣。六月里我得找点零活儿干,因为我的收入不够我维持学业的。我既然不拿学位,申请奖学金就有困难。另外,我很想了解地球上这部分人们的生活

及思想，看看有什么中国可以借镜之处。我从来不喜欢搞脱离现实的学术研究。我希望两年以后，我可以说，我在一定程度上了解这个国家了。

这段文字暴露了杨刚在文学研究上的企图心："其实，我很想专门研究现代文学。"而她选的两门课——文学批评和一八〇〇年以来的抒情诗——其实都能跟她在孟买购下的那册《叶芝诗论》联系起来：麦克尼斯的著作是文学批评，而叶芝的诗当然属于"一八〇〇年以来的抒情诗"。我们可以蛮有把握地说，《叶芝诗论》不是那种于旅次随手买下的读物，而是能体现杨刚文学志趣的书。

《叶芝诗论》上从头到尾有多处橘黄色铅笔画线，我猜是杨刚阅读时留下的。其中一处，或许是她读了心有戚戚焉者。麦克尼斯指出，叶芝的诗题材范围相对窄，诗人对那些大的话题，什么普遍的知识啦，普世理想啦，世界大同啦，都很反感。叶芝提出的问题也许简单的，但绝非如一些看轻他的论者所以为的那样是琐屑的，"除非认为，一个人若是生活在落后的国家，觉得别的国家的先进思想并不餍心切理，那他就提不出有价值的问题了。也许叶芝的种种局限令他没能写出最伟大的那类诗，但却使他写出了他那个时代可能是最好的诗"（原书第19页）。

杨刚之前生活在落后的国家，现在她到了美国，"对了解这个国家以及这里的人很感兴趣"。然而，待了四年之后，她终竟觉得这个国家的思想并不餍心切理，还是怀着理想，选择回到了中国，拥抱那未卜的前程。反复翻阅《叶芝诗论》，最感好奇的是，在孟买那夏秋之际，三十八岁的杨刚是否正处于命运的小径的某个分岔点上：朝一边走，她可以研究文学，赋诗谈艺，朝另一边走，她将投身革命洪流，在上海解放时作为军代表接管上海《大公报》，在 1950 年成为周总理办公室主任秘书，在 1953 年担任中宣部国际宣传处处长，在 1955 年成为《人民日报》副总编辑，在 1957 年 10 月仰药自尽……还是说，前一种选择，其实本就没有充分展开的可能，而只是那极特殊的历史时空罅隙中的一道光亮而已？

【附记】

上文曾以《1944 年，杨刚在孟买》为题发表于 2024 年 3 月 28 日的《南方周末》。其后不久，读到曾与杨刚共事的姜德明先生写于 1984 年 10 月的文章《忆杨刚同志》（收入《难忘王府井》一书）。该文不仅谈及杨刚曾到过印度的事实，且抄录了杨刚购于印度、美国的三册英文书上的题识，与我所写内容极有关系。现将

文中与杨刚藏书相关的一段全录如下：

现在，我捧着新出版的《杨刚文集》，又想起一九七九年杨刚的女儿郑光迪来访的事，那时她即将赴美国留学。她同我谈了出版母亲遗作的事，还向我打听她母亲的那些外文藏书的下落。我曾经答应帮她了解一下。可是过去多年了，找了好几个人，一无结果。今天，因为捧读刚出版的《杨刚文集》，我突然灵机一动，直接跑到图书馆的外文书库去。我向老孟打听，他可曾在馆藏外文书中见过有杨刚签名的书，没想到对方爽快地回答："怎么没有，不仅有签名，上面还有题字呢。有的还夹着写了字的小纸条。"而且更为庆幸的是，这批藏书单独地搁置了二十几年，连一本也不敢盖上公家的图章，更没有随便处理掉。我一边为他们的这种严格精神感动，一边同老孟蹲在一个僻静的角落里一捆捆地打开了尘封已久的藏书。我在一些书的扉页上又重睹了杨刚那豪放而潇洒的签名。在一部《莎士比亚全集》的扉页上她写着"和王福时太太去新市场。国内国外都有人告诉我必需的衣服得在这里做好，美国不能做中国衣服，故走了这一趟。王夫人早回去了，我在市场走来走去，在一家小书铺里觅到了这一本。船上的日子无忧矣。一九四四,八月一日加城路店。刚识"。加城是指印度的加尔各答。她从重庆先到印度,在那里候船赴美。此时,她还买了美国作家法斯特的《公民潘恩》,在扉页上抄下黄仲则的一首诗:"中庭有劲草,烈烈凌寒霜。及至众芳发,努力媚春阳。奇质不可见,一心与物忘。嗟彼硗硗者,先时自摧伤。一九四四,八月六日卧病加尔各答路店,读《两当轩》。晦晨。"在一本英国作家沃尔特·佩特写的《文艺复兴》的扉页上写着:"此书似乎在一马路书架有一册,但业已买了,也就留存。杨刚。一九四七年十二月十九,纽约。"所有这些题字都能看出她在离国的旅途中,以及在异国读书时的心情。(《难忘王府井》,上海辞书出版社2013年6月版,第35—37页)

我以为有两点值得留意:一、《公民潘恩》上署"晦晨",与《叶芝诗论》同;二、杨刚身后,其外文藏书曾存于人民日报社图书馆。近年旧书市场上时常能见到该馆的剔旧书,杨刚的藏书或许一道流出了。至其所录黄景仁诗,"中庭有劲草,烈烈凌寒霜……嗟彼硗硗者,先时自摧伤"云云,简直就是谶语,读来令人惨伤。

叶灵凤

叶灵凤晚年有"藏书家"之称，其实他的藏书是1938年到香港后再聚起来的，而早年在上海所得的书则失落了。他在《我的藏书的长成》一文中写道："我在上海抗战沦陷期中所失散的那一批藏书，其中虽然并没有什么特别珍贵的书，可是数量却不少，在万册以上。而且都是我在二十岁到三十岁之间，自己由编辑费和版税所得，倾囊购积起来的，所以一旦丧失，实在不容易置之度外。在抗战期中，也曾时时想念到自己留在上海的这一批藏书，准备战事结束后就要赶回上海去整理。不料后来得到消息，说在沦陷期间就已经失散了，因此意冷心灰，连回去看看的兴致都没有了。"

叶灵凤早年的这批藏书在他离沪时托付给亲属，据叶灵凤的外甥张家庆回忆，20世纪30年代末他还在亲戚家看到过它们："在一个楼梯转角的搁板上，找到了这些书，但绝大多数是外文的，我当时看不懂。"（张家庆《叶灵凤的藏书票》，《新民晚报》2020年9月7日）一万册书，普通的房间要两三间才摆放得下，恐非"搁板"所能负荷，也许那时书已不全了；不过，"绝大多数是外文的"这一记忆应该可靠，因为叶灵凤自己也说："我的那一批藏书，大部分是西书……"叶灵凤似乎只懂英文这一种外文，因此他说的"西书"当指英文书。

2020年9月，我得到一本破旧的英文书精装书，页边已被蠹虫蛀了几个洞，它是英译"法朗士作品集"中较少见的一册，小说《紫水晶戒指》(*The Amethyst Ring*)，出版于1922年。书前衬页上，有一用钢笔写的像道士画符似的绕了很多个圈儿的合文签名，细辨之，却是"靈鳳"两个字。莫非它是叶灵凤失落的西书中的一种？

后承友人宋希於兄见教，叶灵凤、潘汉年编《幻洲》杂志第一卷第五期（1926年12月1日出版）印了一幅叶灵凤的照片，旁边有其签名，正是同样绕了很多个圈儿的合文签名。如此一来，证实《紫水晶戒指》确为叶灵凤旧藏。

叶灵凤读过很多法朗士写的书。他的《读书随笔》（上海杂志公司1946年3月版）一书中有篇《法朗士的小说》，开篇就说："有一时期，我颇爱读阿拉托尔·法朗士的小说。我尽可能地搜集所能买到的他的小说，贪婪的一本一本读下去。这样，他的三十几册小说，我差不多读了五分之四。"若叶灵凤所言没有夸饰的成分，

THE WORKS OF ANATOLE FRANCE
IN AN ENGLISH TRANSLATION
EDITED BY FREDERIC CHAPMAN

THE AMETHYST RING

葉靈鳳氏

则他读过二十几本法朗士的小说，这一数量着实可观，恐怕民国时期再没有第二个人读过这么多的法朗士。

不仅读，叶灵凤还译过法朗士的小说：1928年2月，叶灵凤主编的杂志《现代小说》第一卷第二期上刊出了他译的"法郎士"短篇小说《露瑞夫人》（后收入叶灵凤译《九月的玫瑰》一书，上海现代书局1928年8月版）。叶灵凤文章里提及法朗士的也不少，在香港沦陷时期，他还特意写过一篇《法朗士诞生百年纪念》（《华侨日报·文艺周刊》1944年4月16日）。

这本《紫水晶戒指》，正文第一段边上记着日期"26. 1. 1929."，大概是阅读之初的时间。书的最后一页则有中文题记："一九二九年一月二十七日下午读毕于增馀里十五号。"三百页的英文长篇小说，两天就读完了，速度是够快的。

1929年，叶灵凤生活在上海。他在《白薇——我们的女将》一文中回忆："白薇的爱人是杨骚……他们两人开始同居，大约是一九二八年的事。当时两人住在上海北四川路底的恒丰里，我也住在附近的另一个弄堂里，因此时常有机会可以见到。"在《大陆新村和鲁迅故居》一文中则写道："……我曾在大陆新村对面的兴业坊住过……当年'一·二八'之夜，我就亲眼见过日本陆战队先占领了兴业坊后面的警察派出所，然后将兴业坊弄底的围墙凿开一个大洞，从那里鱼贯而人……""一·二八"是1932年的事。恒丰里、兴业坊皆在虹口，增馀里（现宝安支路79弄）在两者的东南方向上，离恒丰里近得很，步行大概就几分钟的路程，距兴业坊稍远些，不过走十分钟也应该到了。增馀里十五号，或许是叶灵凤在1928年到1932年之间落过脚的一个地方。

小说《紫水晶戒指》，是法朗士所谓"现代史话"长篇四部曲的第三部。小说以"德雷福斯事件"为背景，写贵族、教士、军人、大资产阶级的颠顶狂热，其中一个重要角色是吉特雷尔神父，他觊觎都尔冈教区主教的位子，有位蓬蒙夫人准备等他当上主教就送他一枚紫水晶戒指。贯穿"现代史话"四部曲的人物是教拉丁文学的教授贝日莱（Bergeret）先生，这是法朗士依自己的形象塑造的角色，他清醒而清高，有正义感，却又悲观。"现代史话"的情节松散凌乱，常插入一些偏离故事主线的内容，比如《紫水晶戒指》第二十三章就写贝日莱在翻译一份亚历山大时期的希腊文出土文献，结果用了三页半篇幅把这份所谓"文献"抄了一遍，跟角色的命运全无干系。

叶灵凤在《法朗士的小说》一文中写道："法朗士的父亲是开旧书店的，出身于这样环境的他，耽溺于一切珍本古籍和考古知识的探讨，早年便写下了〔《波纳尔之罪》〕这样古气盎然的小说，正不是无因。然而正因了这种气氛，有些年青的批评家便攻击法朗士，说他不是现代意义的'作家'，而是书呆子，他的著作不过是旧书的散页和考古学的堆砌，实是说得太过份一点了。"其实，若就《紫水晶戒指》第二十三章而言，说它是"旧书的散页和考古学的堆砌"，却是恰如其分、毫不过火的。

那么叶灵凤自己读《紫水晶戒指》的感想和体会又如何呢？全书仅在最末一页有用钢笔写下的一句——或者不如说一个英文字——的评语："Dull!"

原来他也嫌这部小说"沉闷""枯燥""淡而无味"。他在后来谈法朗士的文章里未曾提及此书，再自然不过了。

在《书店街之忆》一文中，叶灵凤曾记述1957年他返沪时，"在静安寺路上闲步，曾无意中发现一家专卖外文书的旧书店……想到自己存在上海失散得无影无踪的那一批藏书，满怀希望的急急走进去，在架上仔细搜寻了一遍，仍是空手走了出来。我安慰自己，可能是整批的送进了图书馆，几时该到图书馆里去看看。"

令人遗憾的是，他失落的藏书并未整批进入图书馆，而是散佚了。他在别的文章里也说："后来有许多朋友曾在上海旧书店里和书摊上买到我的书，可知已经零碎的分散，不可究诘了。"言下不胜怅惘。我想，这本《紫水晶戒指》，也是流离散落、不可究诘者之一罢。

施蛰存

北山楼旧藏之书，我早些年买过线装一册，西文书却一直未有，颇以为憾。2019年11月，居然碰到一部，赶紧买下了。这是西班牙诗人洛尔迦（Federico García Lorca，旧译洛尔伽）的一本诗集，1937年美国出版，题为《斗牛士挽歌及其他》（*Lament for the Death of a Bullfighter and Other Poems*），西班牙文英文对照，由劳埃德（A. L. Lloyd）英译。洛尔迦于1936年遇害，而诗集出版于诗人去世的次年，当然寓有纪念的意思。全书只有寥寥六十几页，却是大开本，内页道林纸精印，在当时或许算是豪华的了。书前衬页钤"施蛰存藏书记"朱文印，以前看过北山楼印蜕，知为韩登安所刻。

其中并无施蛰存先生批识，旁人也许不以为是值得珍重的书，但我明白，此书实与施蛰存、戴望舒二先生的友谊有关。

戴望舒于1950年逝世，1956年戴望舒译《洛尔伽诗钞》在作家出版社出版，这本小书便是由施蛰存编定

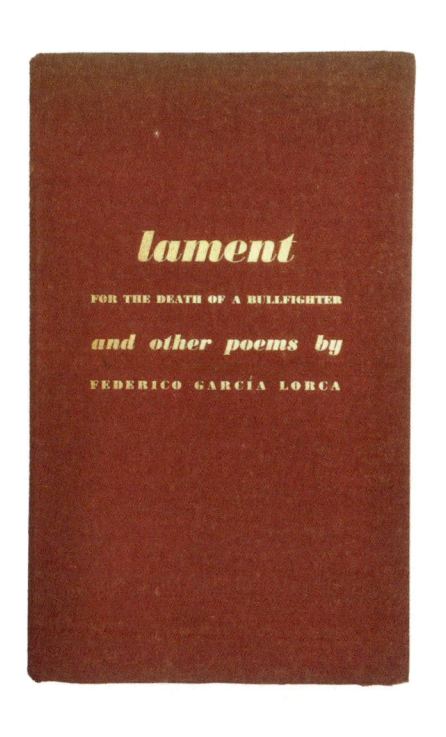

的。施蛰存在《编者后记》中写道:"作为朋友,作为爱好洛尔伽的同志,我认为我有责任把这些译稿给他整理编辑出来。这不仅是我个人为亡友服务,也因为洛尔伽的谣曲所具有的意义正是我们今天诗歌工作者值得借鉴的。"他为《洛尔伽诗钞》花了许多心力:不仅对照西、英、法等版本,对译稿进行编校润色,还补译了一首诗以及附录文章一篇。

在《斗牛士挽歌及其他》的目录上,我见有四首诗的题目前用铅笔轻轻打了勾,就取《洛尔伽诗钞》比

Lament for the Death of a Bullfighter

对，发现这四首诗都是《洛尔伽诗钞》里收入的。说不定这本《斗牛士挽歌及其他》正是施蛰存当年编校亡友译稿所用的参考书呢。

1988年，施蛰存为《戴望舒诗全编》作引言时指出，戴望舒"后期的译诗，以西班牙的反法西斯诗人为主，尤其热爱洛尔迦的谣曲"。洛尔迦的谣曲集，其中反映反法西斯主义思想的诗固然不少，却也有一些诗，只是写男欢女爱。如《斗牛士挽歌及其他》《洛尔伽诗钞》均选入的一首《不贞之妇》，就是写河畔野合的，这样的诗能在1956年的中国印出来，也很不一般了。我猜，认真读过此诗的人怕是不多。

1990年，为纪念戴望舒逝世四十周年，施蛰存撰写《诗人身后事》一文。他写道："四十年来，我对亡友的职责，只是为他经营后事。一个文人的后事，不是处理田地、房产、企业，而只是几卷遗文残稿。"施蛰存为戴望舒遗稿的整理、出版所做的大量工作，是琐细而又持久的，我读两大卷《施蛰存先生编年事录》时就不禁时时喟叹，人生得一知友如此，亦足矣。或许这本《斗牛士挽歌及其他》也算这一友谊的小小旁证罢。

沈宝基

1928年夏,沈宝基毕业于中法大学。《北京中法大学服尔德学院民国十七年毕业同学录》第55页上,有戴眼镜、穿着毕业礼服的沈宝基的照片。旁边的文字为:

> 沈宝基
> 金铎
> 二十一
> 浙江平湖
> 上海法租界望志路七三号

可知沈宝基字金铎,当年虚岁二十一,籍贯为浙江平湖,家住上海。服尔德今译伏尔泰,服尔德学院为中法大学的文学院。沈宝基是位诗人,在大学即写了不少浪漫的新体诗。毕业后,沈宝基留学法国,入里昂中法大学,1934年取得博士学位,博士论文为《〈西厢记〉研究》。

沈宝基

沈寶基
金鋒
二十一
浙江平湖
上海法租界堂志路七三號

(55)

2023年11月，我得到一册比利时诗人凡尔哈伦（Émile Verhaeren，1855—1916）的法文《诗选》（*Choix de Poèmes*），巴黎的法兰西信使出版社1927年版。在书前空白页，有用毛笔写的题词：

"你底春天来了！"

于一九三一年春陆歗以此为　宝基寿

这位陆歗是谁，我想绝大多数人都不知道。多亏了李雪涛先生，他的文章《剪碎了的完整——留德学人陆懿及其学术成就》（《珠海潮》2019年第3—4期〔总第95—96期〕，第219—250页）细致完整地呈现了陆

ÉMILE VERHAEREN

Choix de Poèmes

AVEC UNE PRÉFACE D'ALBERT MOCKEL
UNE BIBLIOGRAPHIE ET UN PORTRAIT

PARIS
MERCVRE DE FRANCE
XXVI, RVE DE CONDÉ, XXVI

「你底春天来了！」
於一九三一年春陸歘以
此為 寶基壽

歗的生涯和志业，也是国内唯一一篇陆歗专论（依照名从主人的原则，本书用"陆歗"的写法）。以下有关陆歗的叙述，绝大多数材料仰赖李雪涛先生此文。

陆歗是上海名医陆仲安之子，比沈宝基小两岁，1926年入中法大学孔德学院，1929年毕业。在大学，他有两年时间与沈宝基相处。两个人都爱写诗，是诗友。后来，陆歗到欧洲游学，显然曾跟沈宝基在里昂聚首。1933年11月出版的《中法大学月刊》第四卷第一期刊登了陆歗的六阕词，其中有两阕是为沈宝基而作：

菩萨蛮·献给宝基

湿云漫漫多微雨，寒波腻雾深何许。枯叶卷西风，欹枕无限情。　　薄暝伤岁晚，暗怯流年换。寂寞梦乡关，少年空等闲。

——在里昂作

清平乐·献给宝基

新秋圆月，正缱恋时节。小艇中宵摇太液，爱（引者按：疑当作"美"）酒恋情醉也。　　话尽天上人间，直到星落月残。旧事如同梦里，争耐追忆前言？

两阕词的语汇都是旧式的，意思也不新鲜，然其中似有一丝幽怨，为一般友朋间所不常有。《菩萨蛮》注明"在里昂作"，应该是陆歗到里昂探望沈宝基时写下的。考虑到1934年上半年沈宝基、张敬惠夫妇的儿子就出生了，假若两阕词均写于1933年秋，则"新秋圆月，正缱恋时节"云云当指沈宝基正沉浸于甜蜜爱情之中。至于"旧事""前言"是不是指沈宝基、陆歗之间的往事与约定，由于史料有限，就无从确知了。

沈宝基、陆歗在法时，有一大诗人与二人均有往来，即戴望舒。1932年11月8日，戴望舒乘坐的航船抵马赛港，开始在法国的游学生活。应国靖《戴望舒年表》中称："在巴黎期间，戴的生活十分清苦，在华人开的树声楼饭馆吃包饭，由他的好友陆懿付钱。"（施蛰存、应国靖编《中国现代作家选集·戴望舒》，三联书店香港分店1987年11月版，第307页）姜云飞《戴望舒年谱》中称：1933年7月5日，"陆懿致函中法大学秘书长刘厚，言辞谦恭恳切，拜托其努力促成戴望舒入学一事。此前陆懿已向刘厚讲陈戴望舒处境，为之提出入学请求"（《戴望舒年谱》，浙江大学出版社2024年4月版，第166页）。1933年秋，戴望舒入里昂中法大学后，与沈宝基往来频密。陈丙莹《戴望舒评传》中引沈宝基1990年11月19日复陈丙莹信："那时我已结婚，在校外租房居住，生活方面比较舒服、自由。望舒爱喝咖啡，一早就来泡在我家里，自己动手弄吃的，弄喝的……我们聊聊天，不多谈文学理论，零零碎碎的，这个作家怎样，那个作家怎样，天南地北，海阔天空……"(《戴望舒评传》，重庆出版社1993年11月版，第68页）戴望舒既与沈宝基、陆歗皆相熟，则这三位留法青年间的互动想来是不少的。

1935年11月10日，《陆歗诗稿》在北平出版，封面由朱光潜题签。20世纪20年代末至30年代初，朱光潜曾多次到法国游学兼探望未婚妻，他或许是在那时与陆歗相识的。《陆歗诗稿》书前献辞写的是"献给挚友沈宝基"，其时沈宝基已回国在中法大学执教了。从诗集献辞的口吻推测，陆歗与沈宝基的情谊是非比寻常的。

1934年，沈宝基返国后，陆歗仍在欧洲游学。先是离开法国，去了德国的弗莱堡大学，1935年起转到波恩大学，其后两年曾任波恩大学中文讲师，1938年完成博士课程，博士论文题目是《温飞卿及其文学圈子》(*Wen Fei-Ch'ing und seine literarische Umwelt*)。而博士论文于1939年印成出版，已在诗人身后了。

陆歗的死带点传奇性。1937年卢沟桥事变后，中日已全面开战。1938年8月24日上午，陆歗搭乘"桂林号"航班从香港飞往重庆，飞经珠江口的中山县时，飞机被多架日本战斗机追堵，其后在河岸迫降，不幸沉入河中。最终，机上只有三人生还，其余十六人遇难，遇难者包括名人徐新六等，陆歀亦在其中。胡适在比利时的火车站阅报得知好友徐新六罹难，很难过。1938年9月24日，胡适致信江冬秀，谈到徐新六后也提及陆歀："陆仲安的儿子死了，我竟不知道。我写一封信，请你带去。如此说来，那天死的十几个人之中，许多是熟人。"（《胡适遗稿及秘藏书信》第二十一册，第470页）

陆歀死时只有二十八岁。这样一位有才情的友人以这样一种戏剧性的方式死去，是不可能不在沈宝基的心中掀起波澜的。我遍检沈宝基发表在民国期刊上的诗作，发现有一首无疑是为亡友陆歀而作的。

该诗题为《歌里的灾祸》，刊于1943年10月《中国文艺》第九卷第二期（总第五十号）：

> 你爱听这曲歌吗
> 灾祸就在这歌里
> 一声高
> 抛你入云霄
> （谁能拾取你的粉骨呢）
> 一声低
> 沉你入海底
> （谁能打捞你的尸体呢）
>
> 而缠绵的哀诉中

> 你的生命
> 只欠柔指的一剪了
> 亦将不绝如缕
> 像临终时的叹息

诗中"谁能拾取你的粉骨""谁能打捞你的尸体"等词句,明确指向在飞机失事后沉入江中的亡友陆懿。诗的前一节,暗用《奥德赛》里塞壬歌声的典故,非常切合诗的主题。塞壬以歌声诱惑海上的人,使他们溺亡。奥德修斯一行是在还乡途中遭遇塞壬的,而陆懿从香港飞重庆正是他返国之旅的一段。陆懿所乘"桂林号"失事的地点中山县位于珠江出海口,县内河流实与大海相通,故沈宝基在诗中运用了"海"的意象。此外,"抛你人云霄"指飞机爬升飞行,"沉你人海底"指飞机坠落入水,在在贴合。

现在我们回头来看1931年春陆懿作为生日礼物送给沈宝基的这本凡尔哈伦《诗选》,它很可能是两位诗人间情谊现存最早的证物。再往后,才有陆懿的《菩萨蛮》《清平乐》以及《陆懿诗稿》的献辞,最后则是沈宝基《歌里的灾祸》一诗。

李雪涛先生在《剪碎了的完整——留德学人陆懿及其学术成就》中提及,波恩的罗伯特·施特莱克(Robert Streck,1911—1980;关于此人,参本书"姚从吾"一节）留下一件来宾题词簿，其中就有陆蠡1936年写下的毛笔题词。李雪涛先生认为"其书法字形扁方，笔画收缩强化横向分展"，"字形扁方""横向分展"的特点，与凡尔哈伦《诗选》上的毛笔题词相合。不过，李雪涛先生说"这份陆蠡写于1936年6月26日的题词，是今天能见到的陆蠡的唯一手迹"，自然就不确了。

负责整理沈宝基诗稿、译稿的余协斌先生在《译海诗坛一主将——著名翻译家、诗人沈宝基生平与著译贡献》一文中谈及，"据不完全统计，迄今为止，沈先生共译介法国诗人约一百人……共翻译法国诗歌约七百首，计约75000行"（《外语与翻译》2002年第4期〔总第35期〕，第3页）。凡尔哈伦虽是比利时诗人，但一直被公认是法语诗的名家。沈宝基是否翻译过凡尔哈伦的作品，目前我们还不清楚，2003年出版的《沈宝基译诗译文选》（余协斌、张森宽选编，安徽文艺出版社2003年12月版）选入的诗太少（现代诗人只存六家），不足窥见沈宝基译诗之全貌。在凡尔哈伦《诗选》目录页及内页上，许多诗题前有铅笔标记，有的是小圆圈，有的是短横线，看来沈宝基是从头到尾读过这部诗选的。不知道沈宝基在阅读时会不会忆起亡友，想象他"临终时的叹息"。

邵循正

2016年，我买到一本切尼（Edward P. Cheyney）著《英国简史》（*A Short History of England*）。书名里有个"简"字，其实一点也"简"：不算索引，尚有750页。这是1919年的修订版。当然程度并不很深，可以当教科书用。

看样子，这书有过两任主人。一任主人姓孟，签名作"Hsu-Kun Meng"。书前的英文题识写的是"清华学校，北京，1926年10月26日"，书后空白页则写"清华大学，北京，1927年4月15日"。书里用红、蓝、黑三种颜色的铅笔画线画过许多处，是真下了功夫读的。我猜1926年10月26日是初得时的日期，1927年4月15日则是读毕的日期，前后将近半年时间。检《清华同学录》，知此人为孟绪绳，字念彝，福建福州人，1929年毕业于教育心理学系。

还有一任主人，是历史学家邵循正。书前空白页一个角落里，有一方印章"邵循正印"。邵循正1926年秋入清华大学政治学系就读，孟绪绳比他早一年进清华，二人是福州同乡，或许相互认识。

1930年，邵循正大学毕业报考清华的研究院时改习历史。无论是学国际关系还是学历史，《英国简史》都算是有用之书。

邵循正执教北京大学时期的弟子蔡少卿回忆，20世纪60年代初，他曾从张芝联、高望之两先生进修英语："当时，我每周要到邵先生家去一两次，一面向他汇报我的学习情况，一面看望他的身体状况，并问他有没有什么事情（如抄写文稿、借书还书等等）要我做。有一次，我在他家提到张芝联先生用的英语教材是英国麦考莱（Macaulay）的著作，他立即从书架上取出这本著作，朗读了其中一段，便说麦考莱的文采很好，并指出麦氏书中的一些对仗句，要我留意。邵先生的英语之流利和他对名著如此熟悉，真使我大吃一惊。"（《我研究中国近代史和秘密社会的历程——怀念恩师邵循正先生对我的指导和关爱》，《邵循正先生百年诞辰纪念文集》，第155页）从蔡少卿的记述可知，邵循正对英国史是下过一番功夫的。

1934年，邵循正到法国留学，跟随伯希和研习蒙古史。现在网上能看到对邵循正的简介，其中有这样的话："他熟谙英语、法语，懂德语，稍通意大利语、俄语，学过古波斯文、蒙古文，略知突厥文、女真文、满文……"这语气，像是他自己的，用词平实矜慎，又似有一丝自负。

2018年3月，我订购了一册法文旧书，是1927年巴黎出版的《魏尔伦遗集》（*Oeuvres posthumes de Paul Verlaine*）第二卷。收到后，翻开内页才发现，左上角钤一印，虽被遮住一半，但仍看得出是"邵循正印"，与《英国简史》上所钤相同。

邵循正执教西南联大时期的弟子方龄贵曾说："邵师嗜书如命。"（《记邵循正先生》，张世林编《学林往事》下册，第1381页）。邵循正之女邵瑜在《忆父亲》中写道："父亲最常去的商店就是书店，他在巴黎留学两年，

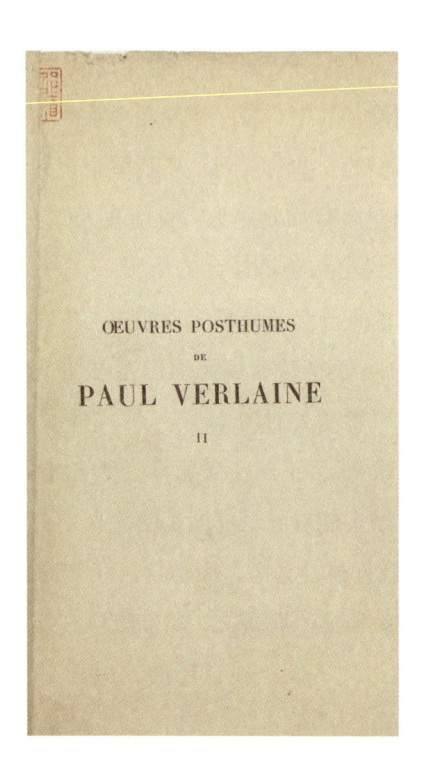

问他什么地方最熟,就是学校和旧书店。他告诉我他常去一条小街,因为那儿有几家旧书店,书店的老板跟他很熟,知道他要买什么书,即使当时无货,也会替他留意,一遇到有人卖那些书就立刻通知他来买。他当时仅靠奖学金生活,省吃俭用,回来时带了几箱旧书,但都是精品,其中有的因是国内孤本,被北京图书馆收购了。"(《素馨集:纪念邵循正先生学术论文集》,第506页)

这本《魏尔伦遗集》第二卷不知是不是邵循正在

法国时买的书。一般人可能会奇怪，历史学家为何要买诗人的遗集来读？事实上，邵循正文学修养很深。邵瑜称："我原以为父亲不看小说，后来才知道古今中外的文学名著他几乎都看过，他学英文就看英文小说，学法文就看法文小说，不过他选书的标准很高，一定要看最好的。他去世后，我们整理他的书，发现有几本外文小说，法文的居多，我记得有《红与黑》。"（同上）

邵循正藏书甚富，身后星散。他执教北京大学时期的弟子、内蒙古大学教授周清澍记述："心恒（引者按：邵循正字心恒）师逝世后，由于邵师母没有工作，家庭收入骤然大减。我们这些在内蒙古的学生想到，如果将心恒师的藏书买回，既可充实内大图书馆的收藏，也可稍微改善邵师母的生活。此事是我去北京联系的，我同张广达兄去邵家大致了解藏书的情况。原来心恒师将教研重点转移到中国近代史后，又由于多次搬迁，大部分藏书已经处理。……当时他的书房中仅有三个书架，靠窗的书架下面三层是外文书，其余都是新书，其中大半还是刚出版的二十四史和商务印书馆的外国史。"（《追忆邵循正师》，刊于《文史知识》2007年11月号；后收入周清澍《学史与史学：杂谈和回忆》一书）想来，《英国简史》《魏尔伦遗集》第二卷应属早经汰除的藏书了，不过，尚可借以一窥邵循正史家身份以外的经历、趣味，也许并非全无用处。

萧乾

在二战时期的伦敦，萧乾也许是最出风头的中国文人——如果不算久居英伦的熊式一的话。1942 年到 1944 年，短短三年间，萧乾在英国出了五本书。他跟英国有名的作家交往也多，最密切的要数爱德华·摩根·福斯特（Edward Morgan Forster），萧乾回来回忆说："福斯特在伦敦西南郊柴撒克区有一套房子，是他进城时的落脚地，除了改革俱乐部，我还去过几趟那个公寓，并在那里会过他的几位最要好的朋友。"（《未带地图的旅人》，《萧乾文集》第六卷，第 149 页）至于跟中国有关系的英国文化人，如艾克顿、阿瑟·魏礼，就更不在话下了（2018 年 12 月 20 日，微信公众号"新文学甜点"刊出幼文的文章《偶遇萧乾 1940 年签赠本》，记述现藏英国杜伦大学图书馆的萧乾签赠阿瑟·魏礼的《废邮存底》一书）。

2018 年，我从两家旧书店各买过一本萧乾旧藏的英文书，居然是同一位英国作家赠给他的，题署的时间均为 1942 年，正是萧乾叱咤英国文坛之时。

作家的名字叫约翰·韩普森（John Hampson, 1901—1955），是伯明翰工人阶级小说家，他得到伦纳德·伍尔夫、弗吉尼亚·伍尔夫夫妇提携，1931年推出的第一部长篇《灰狗车站的周六夜晚》（*Saturday Night at the Greyhound*）颇受好评。可惜后来出版的作品都不如第一部成功。

1936年，韩普森的长篇《家族诅咒》（*Family Curse*）在大西洋两岸出版。韩普森赠给萧乾的一本就是美国多德与米德公司（Dodd, Mead and Company）出版的美国版。书前空白页写着：

For Chi'en（给乾）
from John（约翰赠）
Four Ashes　1942. 3

最后一行的 Four Ashes 是伯明翰的地名，韩普森当时或许住在伯明翰乡下。

韩普森赠给萧乾的另一本书是限量版的小册子《看见了血》（*The Sight of Blood*），只是一篇短篇小说而已，讲一个少年去理发馆剪头，听了一位叫布拉多尔（Braddle）的先生的哭诉，原来，布拉多尔的妻子患了重病，临终前咳血咳得厉害，也许是因为讲述得太逼真，少年听后就晕厥过去。醒来后，理发师问他怎么回

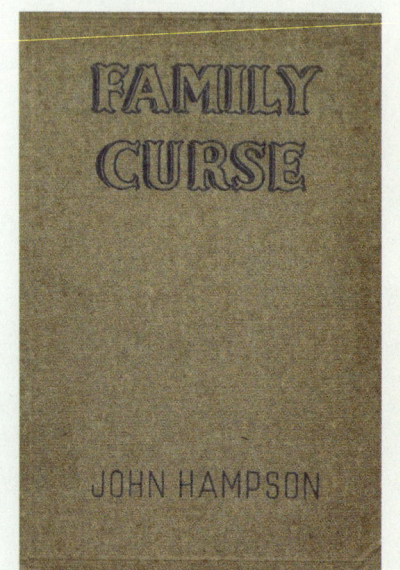

FAMILY CURSE

JOHN HAMPSON

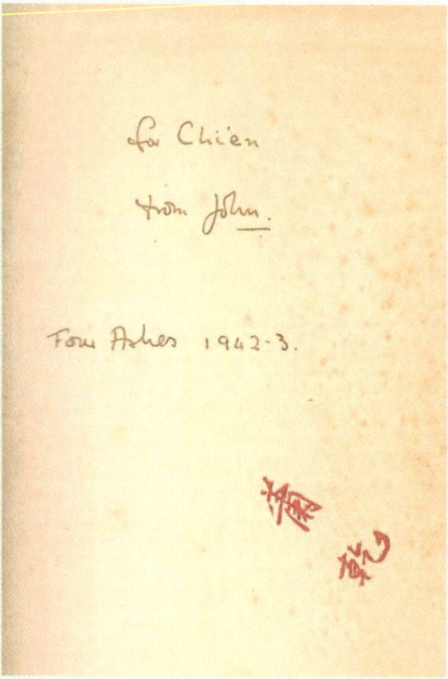

for Chien
from John.

Four Ashes 1942-3.

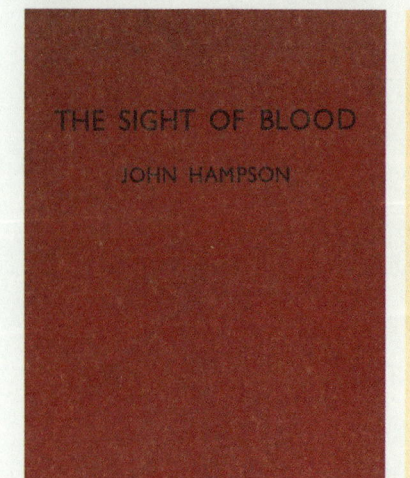

THE SIGHT OF BLOOD

JOHN HAMPSON

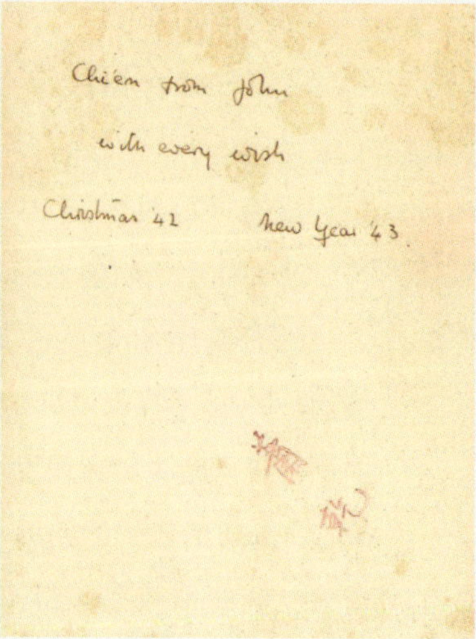

Chien from John
with every wish
Christmas '42   New Year '43

事，少年说是因为"看见了血"。这篇短篇小说最初寄给伍尔夫夫妇，他们推荐在德斯蒙德·麦卡锡主编的杂志《生活与文艺》(*Life and Letters*)上发表了。小册子就题献给麦卡锡。1931年，小册子由布鲁姆斯伯里的小出版社尤利西斯书店(Ulysses Bookshop)印行。限量印刷145册，每册均编号，且由作者签名。送给萧乾的一册编号5。书前空白页写着：

> Chi'en from John（乾，约翰赠）
>
> With every wish（祝好）
>
> Christmas '42　New Year '43（1942年圣诞节，1943年元旦）

有文献说，韩普森平时总穿一身棕色衣服，写字也用棕色墨水。他给萧乾的题赠，还真都是用棕色墨水写的。

萧乾后来在文章或回忆录里似乎没讲过这位韩普森的事。我只找到了一处：1942年初，萧乾在英国写的第一本书《苦难时代的蚀刻》问世，"《苦难时代的蚀刻》出版后，没料到所有伦敦出版的报纸都写了评论……小说家约翰·韩普森（E. M. 福斯特的至友）在《旁观者报》上推崇说：'凡关心东西文化交往的人都应一读此书。'"（《我的副业是沟通土洋》，《萧乾文集》

第七卷，第 311 页）萧乾提及韩普森是"福斯特的至友"，没准儿他们在福斯特那套伦敦西南郊柴撒克区的房子里见过面的。韩普森不仅给萧乾的书写了好评，还把自己的旧作赠送给他。所幸我得到了这两本钤着萧乾印章的书，一段二战间的中英文学友谊不至于消弭无痕了。

钱锺书

一般读者可能会留有这样一个印象：就是钱锺书先生藏书极少，他是从图书馆借书看的，读完就还，而海内外友人寄赠的著作，则常常随手送人。这种说法当然不能说是错的，但我们也应该注意到，那些访问记和回忆文章谈的都是钱锺书先生晚年的情形，它们反映的只是钱先生晚年的藏书状况。我们不能因此就推论，青年、中年时期的钱锺书也不喜藏书，或者藏书极少。实际上，林子清先生于《钱锺书先生在暨大》一文中就提到过，20世纪40年代后期，钱先生在上海的时候，林先生"有一次跑到复兴中路他的住宅去，看到二楼靠墙壁安放的书架上摆满了32开本的精装外文书"。

2010年，我买到钱锺书先生旧藏的一本英文书，书本身很平常，是1946年纽约初版的一部短篇犯罪小说选集，名叫《杀人不掉泪：犯罪小说选》(*Murder without Tears: An Anthology of Crime*)，编选者是威尔·卡皮（Will Cuppy）。入选的作家中有许多刻下已寂寂无闻，我听说过的，包括詹姆斯·瑟伯、伊萨克·丁尼森、卡雷尔·恰佩克、吉尔伯特·基思·切斯特顿、奥尔多斯·赫胥黎、阿加莎·克里斯蒂、多萝西·塞耶斯、达什尔·哈米特、斯蒂芬·李柯克等。

关于钱锺书之读侦探小说（侦探小说与犯罪小说差不多是一回事），最早提供证据的是杨绛先生。她在《记钱钟书与〈围城〉》里提到，钱锺书20世纪30年代在牛津读书时，"论文预试得考'版本和校勘'那一门课，要能辨认十五世纪以来的手稿。他毫无兴趣，因此每天读一本侦探小说'休养脑筋'，'休养'得睡梦中手舞脚踢，不知是捉拿凶手，还是自己做了凶手和警察打架。结果考试不及格，只好暑假后补考"。这则逸闻想必许多读者都记得。陆灏先生读《容安馆札记》的影本，又找到钱先生读侦探小说的新线索。这本《杀人不掉泪：犯罪小说选》恐怕也是钱先生用来"休养脑筋"的罢。

书的扉页上有两方印，白文的是"钱锺书印"，朱文的是"默存"。这两方印无甚稀奇，我觉得可珍的倒是书前空白页上用蓝色钢笔写着的"Ex Libris C. S. Ch'ien Shanghai"（"钱锺书藏书 上海"）字样。结合笔迹，可以确定，《杀人不掉泪：犯罪小说选》是钱锺书先生在1946年后、1949年8月前这段时间里购藏的一本西文书。没准儿林子清先生在复兴中路钱宅二楼看到的大量"32开本的精装外文书"里就有这一本呢。

杨绛在《记〈宋诗纪事补正〉》一文中写道："我家曾于一九四九年早春寄居蒲园某宅之三楼，锺书称为且住楼。"杨先生指的是上海蒲石路（今长乐路）蒲园 8 号的寓所。据吴学昭《听杨绛谈往事》记述，1949 年，钱锺书的叔父让钱锺书的三弟媳携子女三人来上海同住辣斐德路。人多不便，刚好有朋友介绍了蒲石路蒲园的空房，钱锺书夫妇及女儿钱瑗就迁居到了蒲园。同年夏，钱锺书、杨绛被清华大学聘为外文系教授。稍后，中共上海市委统战部周而复来蒲园访问，知道钱杨夫妇将去清华，为他们买了软卧票，还开了一个欢送茶会。8 月 24 日，钱杨夫妇动身赴北京。钱锺书在"且住楼"只住了半年，此后有一次开会路过上海，然再未久居。

2021 年 5 月，我得到一本精装的英文旧书，在书名页的右上角，有蓝色钢笔字迹："C. S. Ch'ien / 18. vi. 1949 / Shanghai"。这是钱锺书的签名，地点为上海，时间为 1949 年 6 月 18 日。其中，字母 e 的写法及月份以罗马数字表示，都带有典型的钱锺书风格。此书正是钱锺书住在蒲园寓所期间收藏的。

书名 *Malice in Wonderland*，直译的话，就是《奇境中的恶意》——实际上，英文书名呼应《爱丽丝漫游奇境记》（*Alice in Wonderland*，正式书名实为 *Alice's Adventures in Wonderland*），Malice（恶意）与 Alice（爱丽丝）发音接近，在中文里难于兼顾，只好不管它了。

MALICE IN
WONDERLAND
by
NICHOLAS BLAKE

Published for
THE CRIME CLUB
by COLLINS 48 PALL MALL
LONDON

作者署名"Nicholas Black"（尼古拉斯·布莱克），钱锺书在作者名后加了一句英文附注："Pseudonym of C. Day Lewis the poet"（"诗人 C. 戴·刘易斯的笔名"）。

C. 戴·刘易斯，即塞西尔·戴·刘易斯（Cecil Day Lewis，1904—1972），是英国现代有名的诗人，1968 年成为桂冠诗人。不过现在大多数人知道他，倒是因为他那个更有名的儿子——演员丹尼尔·戴·刘易斯。尼古拉斯·布莱克，是塞西尔·戴·刘易斯出版侦探小说时用的笔名。

这本《奇境中的恶意》，为"犯罪小说读者俱乐部"（The Crime Club）的专属印本，出版于 1940 年。作者介绍页上开列了尼古拉斯·布莱克写的另外五本书，显然也都是侦探小说。塞西尔·戴·刘易斯写的第一本侦探小说《证据问题》（*A Question of Proof*）出版于 1935 年，据传记作者彼得·斯坦福（Peter Stanford）介绍，要不是当时刘易斯夫妇的别业屋顶需要一百英镑修理费而他们又掏不出来，恐怕"尼古拉斯·布莱克"这位侦探小说作家就永远都不会出现了。塞西尔·戴·刘易斯后来说，写侦探小说让他可以"在诗歌提供的面包上涂上黄油"。

时至今日，尼古拉斯·布莱克的十几部小说，读者已经有限。不过，研究英国侦探小说史的专家还没有忘记他，有兴趣的，可以去翻看马丁·爱德华兹的专著

《"谋杀"的黄金时代：英国侦探俱乐部之谜》（中译本第300—303页、第404页、第420—421页），书里面对尼古拉斯·布莱克的前几部小说颇不吝赞语。

《奇境中的恶意》，出版于战时，似乎无甚反响。小说以一个叫"奇境"的海边度假村为故事展开的环境，年轻气盛的民意调查员保罗·佩里和牛津的一个讲话文绉绉的老裁缝以及裁缝的太太、裁缝的女儿萨莉同车到达度假村。很快，度假村里发生了一连串恶作剧事件，一开始是无伤大雅的，如把糖浆灌进钢琴里之类，后来逐渐升级，如把死鸟、死老鼠放到许多住客的床上……搞恶作剧的人自称"疯帽匠"，是《爱丽丝漫游奇境记》里的一个角色，而所谓"奇境中的恶意"，就是指"疯帽匠"的恶作剧。度假村的负责人叫怀斯上校，他有个弟弟爱德华也在度假村里帮忙，聪明又端庄的上校秘书叫埃斯梅拉达·琼斯。保罗、萨莉、爱德华、埃斯梅拉达几个人间，产生了年轻人惯常有的那种好感与醋意。

作为侦探小说，《奇境中的恶意》悬念不强，前边发生的事也有点鸡毛蒜皮，让人提不起兴趣。我耐着性子，断断续续读了一个多礼拜，总算看完了。侦探尼格尔·斯特兰奇韦斯（Nigel Strangeways）在小说篇幅过了五分之二时才出场。按塞西尔·戴·刘易斯传记作者的讲法，这位青年侦探是以诗人奥登的外貌特征为原型塑造的。有意思的是,《奇境中的恶意》的第一页就调侃了一句"早期奥登"(the early Auden),说奥登偏爱生锈的金属和喷发的蒸汽,属于天才无伤大雅的小怪癖。我挺好奇:1940年奥登已经那么有名了吗,以至作者确信"犯罪小说读者俱乐部"的会员们都知道他指的是谁?

小说的后三分之一,几条线索逐渐扭结到一起,子弹开始出膛,气氛变得紧张起来。最后侦探对整个事件的分析精细入理,可见塞西尔·戴·刘易斯组织情节的能力。不过,我始终觉得这本侦探小说没什么意思,几个主要人物的心理、行动,都显得浮浅机械。

钱锺书一直喜欢看侦探小说,《钱锺书手稿集·外文笔记》刊布后,我们知道,钱锺书读过的侦探小说作家还有约翰·巴肯、吉尔伯特·基思·切斯特顿、迈克尔·英尼斯、埃里克·安布勒、埃德蒙·克莱里休·本特利、菲莉丝·多萝西·詹姆斯、埃勒里·奎因、雷蒙德·钱德勒、达希尔·哈米特,等等。其中,也包括尼古拉斯·布莱克。

《钱锺书手稿集·外文笔记》第5册中有钱锺书读尼古拉斯·布莱克小说 Shell of Death 的摘抄笔记。Shell of Death,现一般通用 Thou Shell of Death 这个书名,即《汝,死神之壳》。该书初版于1936年,是尼古拉斯·布莱克写的第二本侦探小说,叙事巧妙,文辞也漂亮，颇获好评。马丁·爱德华兹在《"谋杀"的黄金时代》里提到的"警句"——"纳粹梦想中的金发女郎"，钱锺书也摘出来了。钱锺书抄录此书所用的笔记簿是"上海民生文具"印制的，加以笔迹特征，可推断为20世纪40年代居沪时所书，阅读时间当早于《奇境中的恶意》。这说明钱锺书对尼古拉斯·布莱克所写侦探小说是持续关注的，就像他对塞耶斯、克里斯蒂、安布勒等的作品那样。

我多年前买到的那部《杀人不掉泪：犯罪小说选》跟《奇境中的恶意》都属于钱锺书在战后上海购读的消遣读物。

《奇境中的恶意》上标注的日期"一九四九年六月十八日"或许值得我们特别留意。《听杨绛谈往事》中记述了当年的情景："锺书一家是在蒲园迎接解放的。5月26日夜里，天阴沉沉的下着小雨，枪声通宵不断。他们住在三楼，三人卧地板上躲避流弹。第二天凌晨天未明，听到号角声，上海解放了！"也就是说，书上标注的日期，不过是上海刚解放的三周后而已。在天地翻覆，许多人必定惊惶纷乱之际，钱锺书在干什么呢？他在读侦探小说。是神闲气定，安之若素，还是拿书遮眼，以为逃避，我们就不得而知了。

【附文】
钱锺书与"借痴斋藏书"

钱锺书先生晚年家中甚少藏书,一般人往往因此误以为钱先生一生都只从图书馆借书读,而不爱自己购书。其实并非如此。20世纪30、40年代那会儿,钱先生是很喜欢买书的,外文藏书颇富。只不过移居北京后,原来的这批书散佚了,习惯也改了。当年钱先生买的书里,有一类性质蛮特别:从物权上说,它们属于别人,因为书款是别人出的,但选购、阅读却由钱先生自己包办。这就是所谓"借痴斋藏书"。

吴学昭在《听杨绛谈往事》一书里写钱锺书40年代中期在上海的情形:"震旦(女子文理学院)的薪俸不足以维持生活,还得兼做家庭教师。锺书随后收了一名家境丰裕的拜门学生周节之,束脩总是随着物价涨。拜门弟子还不断请老师代为买书,自己并不读,专供老师借阅。锺书蛰居上海期间,虽然饮食起居简陋逼仄,买书读书却得恣意享受,对他来说是最快意不过的事。他高兴地在买来的书上一一写上'借痴斋藏书',盖上'借痴斋'印章。"(第186页)为什么要叫"借痴斋"呢?杨绛在《我们仨》中给出了一个浅显的解释:"学生并不读,专供老师借阅的,不是'借痴'吗!"

对周节之先生,我们现在所知不多。《顾廷龙日记》里有钱锺书、周节之当时同往合众图书馆的记录：1944年4月3日，"默存偕其友周君来参观"；1945年12月12日，"默存偕周节之来，同访森老，不值"。《钱锺书杨绛亲友书札》（吴学昭整理，生活·读书·新知三联书店2024年5月版）收录周节之1980年致钱、杨信二通，整理者加注称："周节之，上海人，是上海一民族资本家之独子，20世纪40年代上海沦陷期间，钱先生失业蛰居在家，经人介绍收周节之为弟子。教学有年，成为朋友。解放后钱、杨北上，在'三反''五反'运动中周家寡母早亡，两家仍有往来。"（第168页）从信中内容可推知，20世纪60、70年代，周家受到冲击，房子亦被收走——藏书散失大约即在此时；80年代初，周节之在上海市工商联任职。

关于"借痴斋藏书"的下落，《我们仨》中写道："'文化大革命'中书籍流散，曾有人买到'借痴斋'的书寄还给锺书。也许上海旧书摊上，还会发现'借痴斋藏书'。"此后，得到过"借痴斋藏书"的人显然不止一位。陆灏先生的《听水读抄》（海豚出版社2014年2月版）记述过他得到的一本："在施蛰存先生送我的西文旧书中，有一本英译西班牙小说《塞莱斯蒂娜，或卡利斯托和梅利贝娅的悲喜剧》（*Celestina or the Tragi-Comedy of Calisto and Melibea*），系伦敦George Routledge & Sons Ltd出版的Broadway Translations译丛之一,没有出版年份。在精装书的红色环衬页上有钢笔草书'借痴斋藏'四字,显然就是钱先生当年读过的书,可惜没钤'借痴斋'印章。"

2022年底,我收到上海寄来的三册英文旧书,一册在书前空白页上有毛笔写的大字"借痴斋藏",另一册则有蓝色钢笔写的"借痴斋藏",同一页右上角写着"Ex Libris: H. T. Chew",想即"周节之藏书"之义。我熟悉钱锺书先生的笔迹,知道这些字都是钱先生写下的。不但有字,还有印。钢笔写的"借痴斋藏"上,加盖了一方朱文印"借书一瓻"。此外一册书,没有字,但钤一方尺寸更大的细朱文印"慈溪周氏借痴斋藏书"。不用说,这三册英文旧书都属于流散的"借痴斋藏书",且如杨绛料想的,它们正出自上海的旧书摊。

关于"借痴斋"这一斋号,此处稍做解释,因为它实际上并不像杨绛说得那么简单。程毅中先生《"借书一痴"与古籍整理的课题》(《月无忘斋文选》,中华书局2018年9月版,第78—87页)一文揭示,唐段成式《酉阳杂俎》续集卷四《贬误》谓:"今人云:借书还书,等为二痴……古谚云:'有书借人为痴,借人书送还为痴'也。"唐李匡乂《资暇集》卷下谓:"借借(上子亦反,下子夜反)书籍,俗曰借一痴,借二痴,索三痴,还四痴。又按《玉府新书》:杜元凯遗其子书曰:书勿借人。古人云:借书一嗤,还书二嗤(嗤,笑

借廳為龕

也）。后人更生其词至三四，因讹为痴。"宋曾慥《高斋漫录》则谓："俗语云：借书与人一痴，借得复还为一痴。尝力辩此语。以为有无相通，义也；贷而必还，礼也。尚何痴！后果见王乐道从钱穆父借书一帖云：《出师颂》书函中最妙绝，古语云：借书一瓻，还书一瓻。欲两尊奉献，以不受例外物，因不敢陈。续后又见《集韵》'瓻'字下注，乃云：古者借书，以是盛酒。是知非'痴'字也……洪驹父又云：'痴''瓻'二字两出，疑'痴'字轻薄子妄改也。"程毅中先生认为，此语存在一个从"借书一嗤"到"借书一痴"再到"借书一瓻"的衍变过程。钱锺书先生大概是读了曾慥《高斋漫录》，留下甚深印象。写于1942年的《谈艺录》序最后一节云："余既自叹颛愚，深惭家学，重之丧乱，图籍无存。未耄善忘，不醉多谬；蓄疑莫解，考异罕由。乃得李丈拔可、徐丈森玉、李先生玄伯、徐君调孚、陈君麟瑞、李君健吾、徐君承谟、顾君起潜、郑君朝宗、周君节之，或录文相邮，或发箧而授。皆指馈贫之困，不索借书之瓻。并书以志仁人嘉惠云尔。壬午中元日锺书自记。"在序中致谢的诸人中，周节之排在最后，因为他年辈最小，而他向钱锺书提供的帮助，无疑对应着下一句最后的几个字——"不索借书之瓻"。所用即曾慥《高斋漫录》中"借书一瓻，还书一瓻"一语。所谓"不索借书之瓻"，指周节之出借了书却不要回报。

"瓻"字发音与"痴"相同。我想,钱锺书替周节之拟定"借痴斋"这一斋号,一方面固然是表彰他慷慨借书的这股痴气,另一方面大概也不无调侃的意味。了解此语来历后,再看钢笔字"借痴斋藏"上加盖的印"借书一瓻",就不难明白其意涵了。

"借痴斋藏书"既然都是由钱锺书选购并阅读的,那么从反映钱锺书阅读的品味和习惯的角度来看,它们跟钱锺书自己的藏书其实没什么实质上的区别,而只有形式上的区别。稍稍考察一下这几本"借痴斋藏书",说不定对我们更充分地认识钱先生读书、治学的实际情形能有些许助益。

一、《巫术寰宇记》

第一本书为蒙塔古·萨默斯(Montague Summers, 1880—1948)著《巫术寰宇记》(*The Geography of Witchcraft*, 1927)。全书分八章,分别记述了巫术在希腊和罗马、英格兰、苏格兰、新英格兰(即美国)、法国、德国、意大利、西班牙等地的情况,因此若按原文字面意思译作《巫术地理》恐未必妥当。在中国,最早关注蒙塔古·萨默斯这位巫术研究家的,可能是周作人先生。萨默斯在1926年出版《巫术及魔鬼史》(*A History of Witchcraft and Demonology*)。1928年7月19日,周作人在致江绍原的信中称:"昨买到'文明史'丛书中,M. Summers 的一本《魔术史》,似尚有意思,此外有一本《魔术地志》……"所谓《魔术史》,即指《巫术及魔鬼史》;《魔术地志》,即指《巫术寰宇记》。第二天,周作人又在信中说:"《魔术史》看了一部分,甚为失望,因为著者'夏'先生(引者按:Summers 在英文中有'夏天'之义)似是教会的'忠实同志',他相信撒但来同 Witch(引者按:英文,女巫)睡觉……他又竭力攻击人类学派的研究,以为只有神学者(!)才能知道巫术的本义!不知道'文化史'丛书中何以收这样的正统思想的著作。我只因它还有点材料可看,故忍耐看之。至于用字上之春秋笔法,则每每发指也。"在同年发表的文章《关于妖术》中,周作人写过他购读萨默斯著作的缘由:"英国散茂斯(Montague Summers)所著的《妖术史》和《妖术地理》系 Kegan Paul 出板的'文明史'丛书的两种,一九二七年刊行,定价是十二先令半和十八先令。因为这种丛书是颇有名的,而我又颇喜打听一点魔法妖术的事情,所以奋发一下子把他去买了来。"周作人读过的《巫术及魔鬼史》,今存国家图书馆,参周运先生的长文《知堂藏书聚散考》(《乘雁集》,上海文艺出版社 2021 年 11 月版,第 498—501 页)。2020 年,该书由陆启宏先生译出,题为《巫术的历史》(上海三联书店 2020 年 9 月版)。

The History of Civilization
Edited by C. K. OGDEN, M.A.

The Geography of Witchcraft

萨默斯著《巫术及魔鬼史》《巫术寰宇记》二书，钱锺书先生都读过，并在《管锥编》中加以引用（前者见第三册第1017页，后者见第一册第299页）。《容安馆札记》第六百六十六则引及《巫术及魔鬼史》。《钱锺书手稿集·外文笔记》里亦有对二书的摘抄，《巫术寰宇记》抄录尤多，达整整十页（见《钱锺书手稿集·外文笔记》第21册第47—56页）。然而，外文笔记摘抄《巫术寰宇记》，当在50年代以后了。我的推测是，钱锺书先生在上海时既有"借痴斋藏书"本《巫术寰宇记》于身畔，自然不必多费一遍抄录工夫，后来到了北京，手边已无原书，才又借读摘抄的。

外文笔记对《巫术寰宇记》的札录，有如下数事可述：一是在萨默斯名字旁加英文批注："Cf. David Garnett, The Familiar Faces, pp. 17-8 for a satirical portrait of Summers"（"参大卫·加内特《那些熟悉的面容》第17—18页，有对萨默斯的讽刺性描写"），说明钱先生对萨默斯这位作者是时时留意的。二是外文笔记抄录虽多，但全书八章里有一章的内容是完全略过未录的，那就是关于新英格兰（即美国）的一章，这多少体现了钱先生一贯的作风：关注的始终是欧洲大陆，而对美国历史文化了无兴味。三是《管锥编》第一册谓："通观中西旧传巫蛊之术，粗分两类。一者施法于类似之物……二者施法于附丽之物……吾国厌胜，以桐为人，犹西方古希腊、罗马以还常作蜡像而施术也。"此下注释引及《巫术寰宇记》，然所标页码超出了外文笔记的抄录范围，或可证明钱先生在写作《管锥编》的过程中又一次查阅了萨默斯的《巫术寰宇记》。这就意味着，这部书钱先生至少读过三次。

从写于20世纪30年代的《魔鬼夜访钱锺书先生》一文，我们不难发现，钱先生对西方典籍中有关魔鬼之类的记述一直有强烈的兴趣，他会留意到萨默斯的《巫术及魔鬼史》《巫术寰宇记》，自是情理中事。不过，外文笔记摘取《巫术寰宇记》的段落并不皆与巫术相关，如书中记西班牙王后伊莎贝拉（1503—1539）自视极高、自律甚严，生儿子费利佩前，临盆之际，她认为任何痛楚或软弱之流露皆于尊严有伤，因此当有女眷从旁劝她在阵痛时不妨"自然释放"，伊莎贝拉道："不必多言！死则死矣，哀号病呻，作女儿态，断乎不能。"想来钱先生笔记撮录此节，只是因为掌故有趣、吐属名隽罢。事实上，此节出自《巫术寰宇记》全书最末一页的注释。钱先生真是把这书从头到尾、连注释也不放过地读透了。

二、《荒蛮岛民》

第二本书为亨利·伍德·内文森（Henry Woodd Nevinson，1856—1941）著《荒蛮岛民》（*Rough Island-*

ers, 1930)。所谓"荒蛮岛民",指英国人,典出丁尼生的《惠灵顿公爵挽诗》(*Ode on the Death of the Duke Wellington*),据内文森讲,此处的"荒蛮"兼指岛屿与人民。这是一部泛论英国国民性的书,从气候、人种、君主制、贵族、阶层、精神生活等各方面对英国人的特点加以考察。

英国国民性是钱锺书先生关注过的题目,相关论述主要见诸1947年发表、谈乔治·奥威尔《英国人民》一书的书评。就国民性所作的概括性通说,钱先生并不很认真地看待,所以他才会说:"每读到关于某一国人民的品性,某一个民族的心理或精神的讨论,我也常想问:要多少美国人的品性才算得整个美国民族的品性?所谓英国人民的性格究竟是多少英国人具有的性格?……讨论民族品性的书往往只是一种艺术作品,表示出作者自己识见的深浅,知识的广狭,以及能不能自圆其说,对该民族的了解未必具有客观的准确性。"

亨利·伍德·内文森是英国有名的记者,尤以战地报道著称,到过南非、俄国、印度和巴尔干地区。他见闻广,观点激烈,为自由派的报纸《每日纪事报》(*Daily Chronicle*)和《曼彻斯特卫报》(*Manchester Guardian*)撰稿,支持女性争取选举权,甚至支持社会主义运动。内文森写的自传先后分三卷出版,1935年推出了一卷的精华本,书名叫《生命之火》(*Fire of*

Life），钱锺书先生读过此书，摘抄的内容见《钱锺书手稿集·外文笔记》第 5 册第 437—439 页。抄录《生命之火》所用的那本练习簿，封皮上有"上海民生文具印制厂制"字样，可知是钱先生 20 世纪 40 年代在上海时札录的。我猜，读《生命之火》与读《荒蛮岛民》应该大体同时，至少相去不远，因为钱先生习惯于在一段时间内集中读某一位作者的多种著作。

钱先生为什么会读内文森的书？理由之一或许是内文森文笔爽利。1947 年，钱锺书先生为英国文人白朗（Ivor Brown）的集子写评论，说："白朗写得一手爽辣精悍的散文，是笔战时短兵相接的好武器。虽然心思不甚深密，但具有英国人所谓健全的常识。"这话大可移用到内文森身上。钱先生读《生命之火》有摘抄，读《荒蛮岛民》则用铅笔在页边处划竖线，标出精彩的句子，有时还画个勾，表示赞同作者的意见。《荒蛮岛民》前言第一段，写内文森 1912 年跟随保加利亚的军队在巴尔干战场做报道，遇上个法国记者，对英国人的品性大表不满："在他看来，我们这个民族忒小气，钻钱眼儿里去了，伪善，粗鲁，缺乏艺术细胞，而且面目可憎。"内文森闻言恼恨，爱国心炽，起而抗辩，结果被人反唇相讥。钱先生在这一段旁边划了竖线，也许是欣赏内文森灵活洒脱的文笔。

钱先生 1947 年谈《英国人民》的书评中特别提到

"我所见这二十年来德国、法国、捷克和西班牙作家为他们本国人解释英国民族性的著作",而《荒蛮岛民》前言里开列参考书,就提到了好些部此类著作,如德国人鲁道夫·科尔施纳的,法国人安德烈·齐格弗里德的,捷克人卡尔·恰佩克的,西班牙人德·马达里亚加的等等,我有点疑心,钱先生看过内文森的书后,会据这份书目"按图索骥",补读相关著作的。《荒蛮岛民》第24页一段引文边上有钱先生的划线,写的是:"英国人理所当然地接受了等级制,习焉不察,竟至于以为自己生活在平等的国度里……英国生活真正的关键词不是平等,而是自由。"这段文字的出处,正是上文刚提到的那位德·马达里亚加先生所著的《英国人,法国人,西班牙人》(*Englishmen, Frenchmen, Spaniards*),著者为在牛津教西班牙语的教授。其实《英国人,法国人,西班牙人》一书钱先生早年即读过,札录见《钱锺书手稿集·外文笔记》第3册第22—29页,在此算是"见已读书,如逢故人"了。然而有点让人讶异的是,划线在第25页之后就再未见到了。不知钱锺书先生读完了这部《荒蛮岛民》没有。

三、《漂泊的宁芙》

第三本书为詹姆斯·拉弗(James Laver,1899—

1975）著《漂泊的宁芙》（*Nymph Errant*，1932）。这是一部以讽刺笔调写出的长篇小说，主人公少女伊凡吉琳，原本待在瑞士的寄宿学校，苦闷了三年，小说开头，她毕了业，打算回牛津跟姨妈一起生活，后来因缘际会，在欧洲大陆跑了许多地方，甚至到过土耳其。若依内容拟书名，译作《少女浪游记》未为不可。

作者詹姆斯·拉弗是英国时尚史方面的专家，他写时尚变迁的著作今天还有人读。但钱锺书先生看过的詹姆斯·拉弗的书，大概已极少有人再读了。钱先生的笔记摘录过两部詹姆斯·拉弗的书：一部是《惠斯勒》（*Whistler*），见《钱锺书手稿集·外文笔记》第 2 册第 39—43 页。读此书时间甚早，在 20 世纪 30 年代钱先生于牛津大学留学之际。当时钱先生对画家惠斯勒似极有兴趣，写于同时期的随笔《释文盲》《谈交友》都提到他。另一部是长篇小说《维纳斯的背景》（*Background for Venus*，1934），见《钱锺书手稿集·外文笔记》第 5 册第 526—529 页。摘抄《维纳斯的背景》的练习簿，封皮上写"上海合记教育用品社监制"。我猜钱先生读《漂泊的宁芙》跟读《维纳斯的背景》应该是前后脚的事儿。

《漂泊的宁芙》风格轻倩诙谐，大概颇为钱先生所赏，故在页边留下不少铅笔竖线。这里只举小说第一页的一处为例。詹姆斯·拉弗描绘寄宿学校的环境，写

Ex Libris: H.T. Chew.

NYMPH
ERRANT

道:"右边远远地闪动着日内瓦的灯火,那里是女打字员、女秘书的天堂,是年轻外交官的炼狱,是流亡者的庇护所,是全人类的希望所在。"钱先生在此句旁划了线,也许认为作者有识见,对日内瓦这座城市的职能、特点做了敏锐又俏皮的提炼。划线停止在第88页,后面还有两百多页,钱先生读完了没有?我想,很可能还是读完了的。这就要谈到钱锺书先生翻看长篇小说的一个习惯:他是开头、展开的部分读得仔细,若作摘录,抄得也会多些。读到后面,渐渐不耐烦起来,速度加快,很可能一目十行了,因此笔记里摘录某部长篇小说,通常出自后半部分的内容少于出自前半部分的。但钱先生读书太快了,说到底,是读书能力太强了,哪怕意兴阑珊,终卷总归不难。据上海暨南大学外文系毕业生郝楚回忆,1946年至1949年,钱锺书先生执教暨大时,"每周二、四、六到校上课,每次总是手里抱着一大摞厚厚的看完的书来向图书馆调换另外一大摞厚厚的书去"。郝楚感慨:"我在好几所大学校内度过了四五十年,至今还没有见到过像他那样快速阅读的人。"(《师恩永记》,收入《记钱锺书先生》,大连出版社1995年11月版,第84页)钱先生当时手里抱过的那些厚书,未必都是大经大典,兴许内文森的自传、拉弗的小说也在其中呢。

钱锺书先生自己购藏的书，勾画批注有时是颇多的，2020年华东师范大学图书馆公布的四种钱先生旧藏皆是。而"借痴斋藏书"，名义上属于他人，钱先生不好大量标注批点，顶多用铅笔划几道竖线，方便过后擦去。当然，我们也因之失却观摩他隽妙品评的机会。杨绛《我们仨》称有人买到过"借痴斋藏书"并寄还，可揣知外间流布的"借痴斋藏书"并不少。假如有藏书的人读了我写的这些，发觉自家架上也有"借痴斋藏书"，愿意公开出来，那就再好不过了——关于钱先生的藏书、读书，好像知道多少都嫌不足，总想知道得再多一点。

赵萝蕤

在《一代才女赵萝蕤教授》(《温故》之八，广西师范大学出版社 2007 年 5 月版) 一文中，巫宁坤先生对赵萝蕤晚年的读书环境有所记述："……一座历史悠久的四合院内，两间朝西的小屋，里面一间放了一张小床、一张小书桌、两三把椅子。这是她的卧室兼书房，也是她接待国内外来访者的小天地。外面一间放着几个书架，藏书中包括她当年在美国搜集的全套初版詹姆斯小说和爱略特签名的诗作。她毕生以读书为乐，可目力衰退，不得不有所节制。"

这里的"当年"，指 1944 年冬到 1948 年冬赵萝蕤于芝加哥大学留学的时期。赵萝蕤在《我的读书生涯》一文中对她在美访求书籍的情况有所记述："我在就读第四年时才决定专修美国文学。芝大是最早开设美国文学课的大学。我对美国小说家亨利·詹姆斯的作品深感兴趣。我读了他的几乎全部作品，感到非常亲切。而且在这几年中我已在纽约十四街、费城、波士顿各旧书店搜集到了数目可观的詹姆斯的各方面作品，不仅小说，还包括书评、多种旅行杂记、书信集、传记、自传、未完成小说等。据维尔特教授告诉我，我已算得上美国的第三名詹姆斯图书收藏家了。我还顺便收集了其他同时代作家的作品，如豪威尔斯（W. D. Howells）的著作等。这两位小说家当时还没有享受到今日的盛誉。"

近几年，我陆续买到若干赵萝蕤旧藏的外文书，其中虽然并无名贵的品种，但对了解她读书的实际状况却不无助益。现仅择有签名并标注了时间的四种书，略做说明。

第一种书是兰登书屋"现代文库"版的《寺院与室家》（*The Cloister and the Hearth*）。关于这部小说，刚好半年前张治先生的文章《钱锺书先生的一张书单》（《澎湃新闻·上海书评》2022 年 6 月 6 日）曾谈及，这里就直接引用好了："这是英国小说家查尔斯·里德（Charles Reade，1814—1884）最著名的代表作，题目有多种译法。或依字面直翻作《回廊与壁炉》；而目前所见唯一一种中译本，译者是谢百魁，题作《患难与忠诚》，则纯属改译了；陆灏先生提示我，董桥曾提及宋淇对梁实秋译名的赞许，作《寺院与室家》，可谓贴切。因这部小说涉及宁静平淡的修院生活和家庭的安乐日子两个主题的冲突，以十五世纪中叶荷兰的一对情侣饱经患难的悲剧遭遇作为主线，反映出欧洲文艺复兴初期的历史情景。"张治先生的文章揭示，钱锺书先生在为

The Cloister and the Hearth

A TALE OF THE MIDDLE AGES

by

CHARLES READE

THE
MODERN LIBRARY
NEW YORK

赵萝蕤

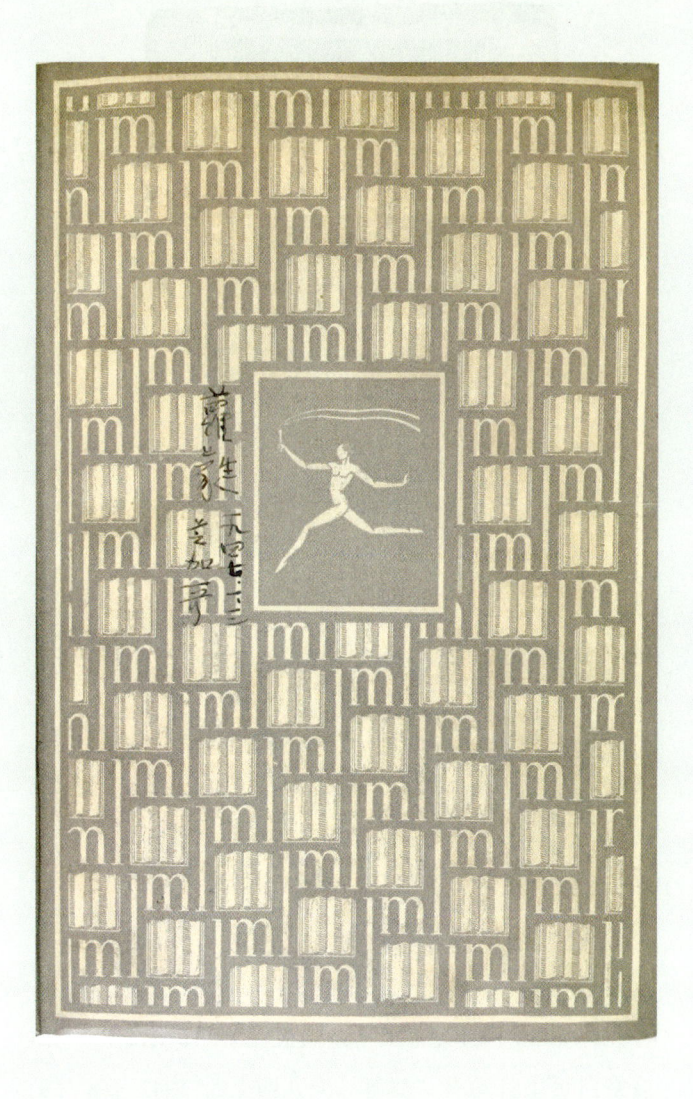

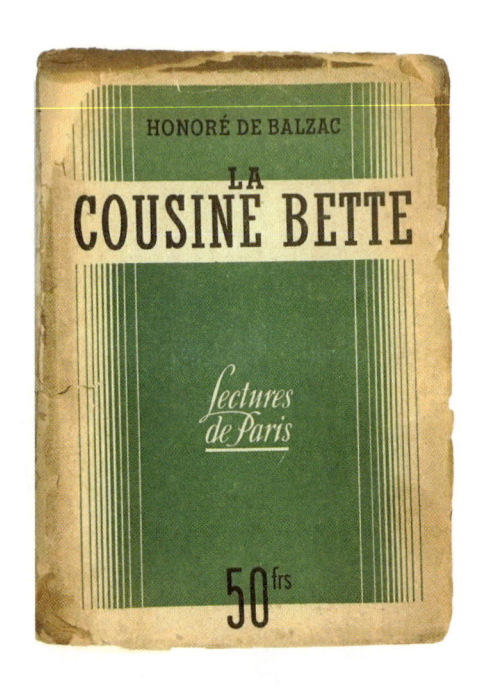

中国青年出版社开的译介书单里提到，《约婚夫妇》和《寺院与室家》"是两部最好的历史小说"。在这部精装书前面的衬页上，写着"萝蕤　一九四七、一、三　芝加哥"。1947年初，赵萝蕤的留学生涯过半，她和丈夫陈梦家生活在芝加哥，而陈梦家已在考虑返国。

同样购于1947年的，还有两册法文书：一是巴尔扎克的小说《贝姨》（*La Cousine Bette*），一是瓦莱里（Paul Valéry）的文论集《杂俎五集》（*Variété V*），书前空白页上都写着"萝蕤　一九四七"。1947年8月1日，陈梦家自美访欧，9月4日搭机返芝加哥。9月19

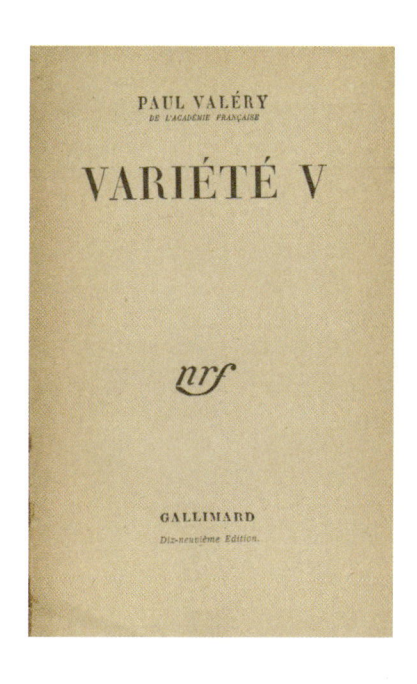

日，陈梦家从旧金山搭船回国。可想而知，1947年下半年，赵萝蕤有很多时间是一个人待在芝加哥的，或许也有更多空暇访书读书了。关于瓦莱里，可以多说几句。赵萝蕤曾回忆："我于1932年毕业于燕京大学英语系，当年秋季考上了清华大学外国文学研究所，成为一名研究生。我在燕京大学念过三年法语。到了清华当然还要继续读法语。于是选了温德老师教授的四年级法语。记得该课的内容是高乃伊、拉辛与莫里哀的戏剧，德·缪塞、拉马丁等的诗歌。温德老师法国文学的知识很丰富。后来我还念过他的波得莱尔、司汤达、梵

龚燧
二〇七

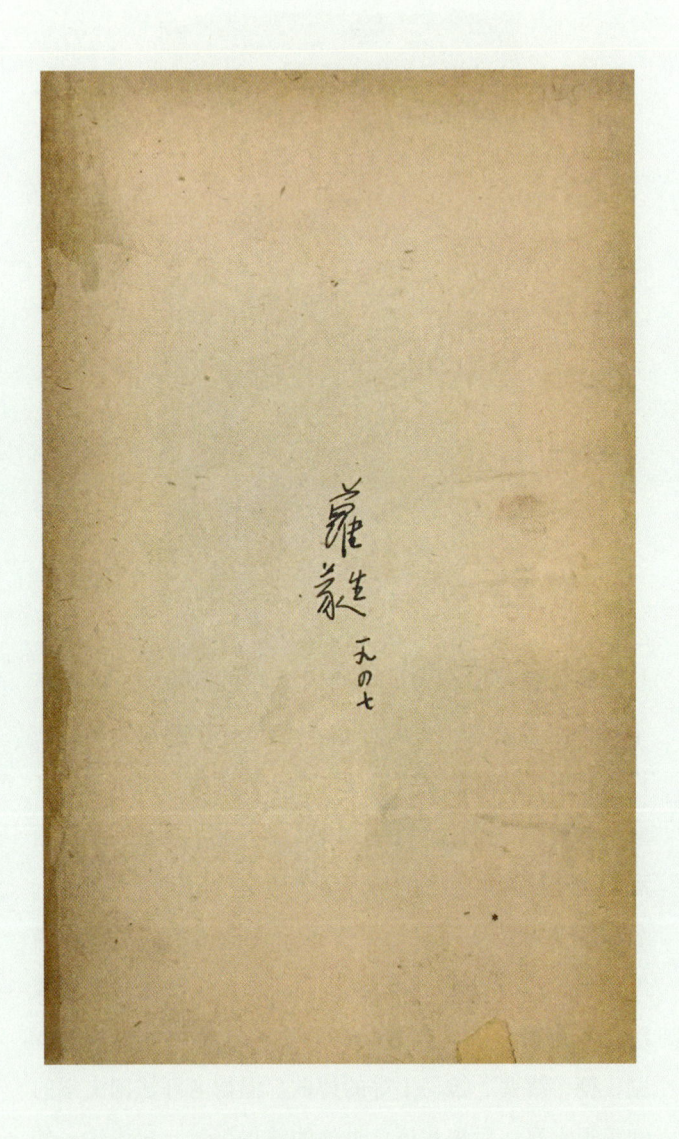

乐希等课……"(《我记忆中的温德老师》，收入《我的读书生涯》，北京大学出版社1996年11月版）在1995年发表的文章《中译〈尤利西斯〉读后》中，赵萝蕤也曾写道："60年前我还是清华大学外文所研究生的时候，听说了艾略特、乔伊斯、吴尔芙夫人、梵乐希等人的名字，产生了好好读一读他们主要作品的念头。"梵乐希，是瓦莱里的早期译名。赵萝蕤在清华时既接触过瓦莱里的作品，在美国见到有瓦莱里的新著出售（这一版《杂俎五集》是1945年11月29日印的，故还称得上"新"），当然会想到买来一读。但愿望是一回事，事实却是另一回事。现在我们很有把握说，赵萝蕤并没有读这本瓦莱里的作品，甚至也没怎么读巴尔扎克的《贝姨》。这是为什么呢？事实上，两册法文书均为毛边本，按当时法国的装订惯例，书页上端及右侧大半折而未裁。假如一位读者想按部就班地阅读，从第二页起就必须将连在一起书页裁开，才能继续往下读。而《杂俎五集》的正文从第二页起即未裁，《贝姨》也只裁到第33页。1948年12月，赵萝蕤取得博士学位后乘船返国，她的跨洋行李里便装着上面谈到的三本书。

赵萝蕤1949年起在燕京大学西语系任教授，1952年"院系调整"，燕大西语系并入北大，10月15日，赵萝蕤搬到北京大学中关公寓303号，而陈梦家调入中国科学院考古所工作，"由于陈梦家不能天天回北京西郊的家,夫妻之间常通信"(子仪撰《陈梦家先生编年事辑》,第342页)。两人常分居的情况一直持续到1956年陈梦家用稿费在钱粮胡同买下一座四合院。

1954年10月24日,星期日,赵萝蕤买到一本牛津大学出版社"世界文库"版的精装本小说《克兰福镇》(*Cranford*),她在书前的空白页上写了"萝蕤一九五四、十、廿四 北京"。星期日为休息日,赵萝蕤或许是在书店里购得的。该书系正规引进,书后空白页贴着统一的价签,售价人民币旧币22500元(相当于1955年后新币的2.25元),在当时是颇为昂贵的。在价签旁有铅笔写的一行小字"五四、十一、二 完毕一遍"。这说明赵萝蕤在十天之内读完了这本四百页的英文小说,速度不慢。值得一提的是,《夏鼐日记》载,11月2日赵萝蕤读完小说的那天,夏鼐"中午与陈梦家同志偕往天坛大剧场,观苏联音乐剧院所排演的芭蕾舞剧《天鹅湖》"。夫妻尽管同城,却分处两地,于是,只能一个读《克兰福镇》,另一个观《天鹅湖》,但无论如何,精神生活还是充实的罢。赵萝蕤为什么会在此时购读这样一部书?恐怕是因为1949年后文艺氛围丕变,《克兰福镇》的作者盖斯凯尔夫人却因为曾由"革命导师"马克思在《英国资产阶级》一文中"钦点",与狄更斯、萨克雷、夏洛特·勃朗特一道被尊为"现代英国的一批杰出的小说家",获得了某种程度的豁免权,其

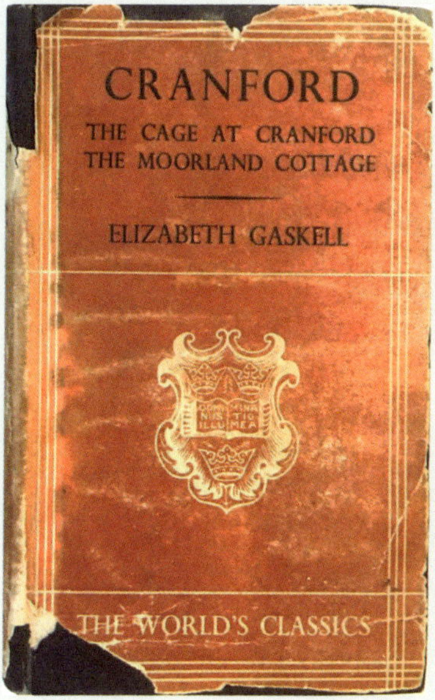
CRANFORD
THE CAGE AT CRANFORD
THE MOORLAND COTTAGE
ELIZABETH GASKELL
THE WORLD'S CLASSICS

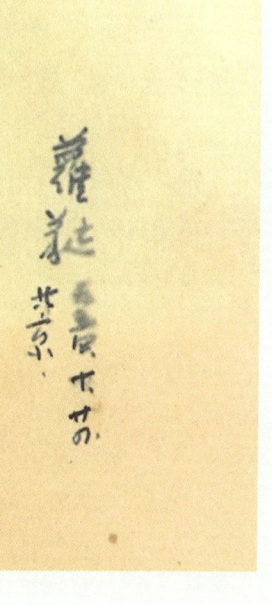

作品得以在中国知识分子间流传。赵萝蕤读《克兰福镇》的次年，盖斯凯尔夫人描写劳工生活的长篇小说《玛丽·巴顿》就译为中文出版了。晚年的赵萝蕤还在文章中大力推崇勃朗特姐妹、狄更斯的作品（《多读点文学作品》，《英语世界》1983 年第 1 期），想来她阅读《克兰福镇》的体验该是愉快的。

书买来之后，有的认真读了，有的一点没碰，这恐怕是阅读的常态，是在每位读者那里都没什么两样的。借着赵萝蕤旧藏的这四种书，我们知道她同样如此，也是好的。

周一良

关于历史研究者欲有所成就应具备的主客观条件,李孝聪《记与周一良先生相处二三事》一文记述过周一良的一个有趣说法:"治史学者需要具备几个条件,首先,家里要有钱,有钱能够买书,有书看才能治学;其次,要有闲,而不是被许多琐事缠身,才能有时间读书;第三,要有兴趣,如果对史学没有兴趣,无论怎么努力也难于成就;第四,学习要勤奋,肯于下苦功夫;最后是聪明。"有钱、有闲、天生聪明,这是客观条件;有浓厚兴趣、勤奋,这是主观条件。周一良出身世家,生活优渥、天资过人,客观条件自然是满足的,然而人们容易忽略其主观方面,尤其是他的勤奋。其实,在读书上,周先生的确是下过苦功夫的。

2016年2月,我购得一部周一良旧藏英文书,书名叫《语言及诸语言:语言学导论》(*Language and Languages: An Introduction to Linguistics*,以下简称《语言及诸语言》),作者为威廉·L. 格拉夫(Willem L. Graff),纽约阿普尔顿(D. Appleton)出版公司1932

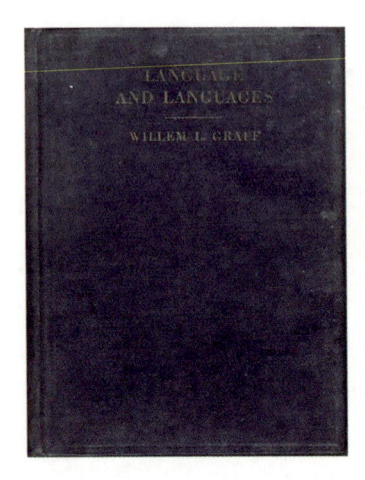

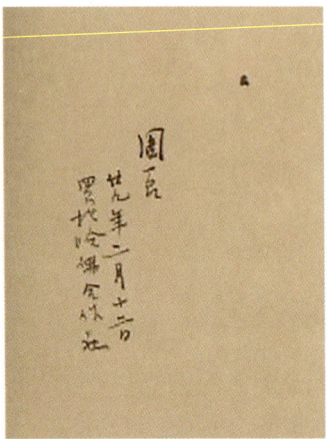

年版。书前空白页有钢笔写的题记:"周一良　廿九年二月十二日买于哈佛合作社"。

周一良1939年秋到美国,入哈佛大学远东语文系攻读博士学位,主修日本语言文学,并学梵文。1940年(民国廿九年)2月,是周一良在哈佛的第二学期开初之时。哈佛合作社为哈佛校园内一家历史甚久的百货商店,现在也还营业着。《周一良读书题记》载英译本首陀罗迦《小泥车》(*The Little Clay Cart*)题记:"周一良,中华民国三十一年八月买于哈佛合作社。"(周启锐整理,海豚出版社2012年12月版,第28页)王邦维《周一良的西文书与他早年的学术研究》(原题《记周一良先生所赠西文藏书》,刊于上海《文汇报》2023年1月7日,后经改定易题,发表于《清华大学学报

〔哲学社会科学版〕》2023年第5期）载周一良在克恩（Hendrik Kern）校订的梵文版《本生鬘》(*The Jataka-Mala*)上题记："三十五年二月买于哈佛合作社。"可见，哈佛七年，周一良是常到哈佛合作社购书的。

周一良在哈佛学习多门语言，日文、梵文之外，还有拉丁文、希腊文、法文、德文，"在哈佛的头几年，主要精力都用在了学语言——死的和活的"（《毕竟是书生》，见《周一良全集》第7册，第28页）。第一学期结束，他的梵文成绩得了A等，梵文教授柯拉克（Walter Clark）跟别的同学讲周一良"必然是拼了命"（同上）。1940年11月13日，周一良在致傅斯年的信中写道："一良未来哈佛前本无大志，但谓习得一二工具如法、德文字，即不虚此行。去年所习课程为日英翻译、法文、梵文，及语言史。"为什么除具体的某门外语之外还要学习语言史？恐怕不只是因为"哈燕社诸公主张治东方语文非娴西方语言之学不可"（《周一良全集》第10册，第19页）。既然周一良"酷好语言"（《毕竟是书生》，见《周一良全集》第7册，第26页），他自会想去探究语言的本质、演变及分支，读《语言及诸语言》也是顺理成章的。

在《语言及诸语言》这部书上，周一良下的功夫是惊人的：大部分书页以粉红笔与黑色铅笔画线、批注殆满，有时一页上就批注七八处之多。全书正文共436

> 414 THE NON-INDO-EUROPEAN LANGUAGES
>
> SOUTH CAUCASIAN
>
> In the *South Caucasian* branch we distinguish five languages, closely interrelated and spoken by some one and a half million people in the Central and Western Caucasus. *Georgian* is decidedly the most important of them. It possesses not only an alphabet of its own, but also a Christian literature from the 10th century A.D. Its verbal flexion is very involved, and its structural type is intermediate between the flexional Indo-European type and the agglutinative one of Turkic or Finno-Ugric.[19]
>
> DRAVIDIAN
>
> *Dravidian* is spoken by some 63 million people in Southeast India, North Ceylon, and a section of East Baluchistan. Its relationship with Munda is asserted by some linguists, while others reject it as improbable. There are reasons to believe that formerly Dravidian covered a much larger area of India: the Brahui dialect, isolated in Baluchistan, is perhaps the last remnant of an early compact group which was gradually assimilated by encroaching Indo-European dialects. From sources other than linguistic it is known that South India was inhabited long before our era, but we do not know what the languages current at that time were like. Today all Dravida dialects are certainly related; but whether this is the continuation of original conditions or the result of parallel development or racial mixture, it appears impossible to say. A curious peculiarity of a certain number of them is an elaborate system of gender differentiation, found in no other languages of India. With the Munda they share the inclusive (*I* and *you*) and the exclusive pronouns (*we others*,
>
> [19] *Cf.* Meillet and Cohen, *op. cit.*, pp. 327ff.; Schmidt, *op. cit.*, pp. 60ff.; Friedrich Müller, *Grundriss der Sprachwissenschaft*, III, pp. 2, 49ff., IV, pp. 230ff.

> DRAVIDIAN 415
>
> *not you*). Some of them possess a negative verb, obtained chiefly through suffixation. Their verbal conjugation tends toward assuming the form of nominal and pronominal flexion.
>
> From a point of view of topography and degree of civilization linguists distinguish the *Northern* group, uncivilized, disseminated in the form of linguistic islands, inclusive of Brahui; and the civilized, compact group of the *South*, occupying the Indian peninsula and the northern half of the island of Ceylon.
>
> SOUTHERN DRAVIDIAN
>
> The various peninsular dialects are (*a*) *Tamil*, in the southeastern corner of India, from Madras to Cape Comorin, and in Ceylon. It possesses the richest literature of India, if we except Sanskrit. This literary Tamil is very archaic and is hardly understood by the uneducated. Its origin is obscure. A mere variety of Tamil is *Malayalam*, spoken along the southwestern coast, which has developed a literature of its own since the 13th century A.D. (*b*) *Canarese* (about ten and a half million) covers the western side of the peninsula, north of Malayalum, east of Telugu, and south of the Indo-European Marathi. Its coast line extends from Mangalore to Karwar, but several of its subvarieties are fast disappearing. The oldest Dravidian documents are Canarese inscriptions from the end of the 5th century A.D.; a literature has developed since the 9th century. (*c*) *Telugu* occurs along the eastern coast, north of Tamil, from Madras to Kalingapatam, where it borders on the Indo-European Oriya. Its first writer appears in the 11th century A.D.
>
> NORTHERN DRAVIDIAN
>
> The *Northern* dialects are decadent and are being assimilated by their more powerful Indo-European neighbors. The *Gondi*, north of Telugu, the *Brahui* in Baluchistan, and

页，我出于好奇，细数了一下，完全未经画线、批注的只有82页，其中还包含插图页以及原本就空白的一页。也就是说，超过80%的书页上有周一良画的线、做的标注或加的批语。没点画的，主要是关于音节的段落，以及关于非洲语言的部分等。

周一良所作批识，有一些属于辅助自己记忆的提要，可略去不谈，还有一些则是颇有见地的观点，甚至有在八十多年后读到仍感觉是有学术价值的。比如《语言及诸语言》第159页介绍索绪尔的《论印欧语元音的原始系统》论文要旨，大意是说，现代语言学认为，所谓词根不过是分析的抽象而已，它对由果及因地理解语词的形态构成是有些帮助的，但认为它能显示原始语词的真实样态就大错特错了。根本不可能断定这类词根中有哪些、有多少曾作为真实的语词存在过。就印欧语而言，所有现象都指向如下事实：印欧语的特征之一便是积累了太多形态上的包袱，其中有些长词、复合词，现代语言要译的话，常常要辅以释义，甚至需用一整句话来译一个词。此类形态上的包袱无疑将拖累语言的发展。周一良在这段内容上画了线，并用粉红笔写下中文批语："象形字之由繁而简亦是此理。"周一良应该是从汉语的衍变出发来印证上述印欧语的形态变化的。

再如，《语言及诸语言》第 308 页在解释句法结构时举了一个"令人印象深刻的例子"：德文词 sehr（很、甚、极其、非常），原初的意思是"痛苦的"，可是由于总被用在最高级结构中，结果它原初的意思完全失却了，最后变成了程度副词。周一良在这句边上批了个日文词"痛く"。我觉得这一批语是很敏锐也十分恰切的：中国人一看到"痛く"里的汉字"痛"，自然就能猜到它是从"痛苦的"这原初的意思来的，但在现代日语中，"痛く"就只是"很、甚、极其、非常"的意思了，跟"痛苦的"毫无关系。从此例可看出，周一良因精通日语，故能联想到与德文的 sehr 经历了极其类似变化的日文词"痛く"，而二者的意思又几乎一模一样。

若是没有多种语言的修养，这样的见识自然是无从产生的。

周一良在后来的史学论文中，直接运用西方语言学理论处理问题的时候并不多。不过，偶尔还是会用到语言学的术语。如初稿写定于1945年5月8日的《能仁与仁祠》一文，解释后汉、三国时期的译经者为何有称释迦牟尼为"能仁"的，其中写道："未讲'仁'字之前，我们先看看为什么种姓专名的释迦会被译成'能'。我想这大约是一种通俗语原学 popular etymology 的结果。"（1947年6月《燕京学报》第三十二期，第151页）这里的所谓 popular etymology（通俗语源）现象，在《语言及诸语言》一书中被称为 folk etymology（民间语源，相关探讨见原书第280—282页，周一良有勾画）。通俗语源或民间语源，其实说的是一种误解，即把词的语源跟真实语源以外的因素联想到一起的现象，通常是由于发音相似或字形相似导致的。《语言及诸语言》举过英语里面的例子，如 pantry 和 buttery 都是"食物储藏柜"的意思，按民间语源的理解，它们分别源自 pan（平底锅、烤盘）和 butter（黄油），而实际上，pantry 的真实语源是拉丁语 panis（面包），buttery 的真实语源是晚期拉丁语 botaria（酒桶）。周一良在探讨将释迦牟尼译作"能仁"这一现象时，能拈出"通俗语源"这一术语，当然跟他在西方语言学上下过功夫有关系。

周一良一生藏书甚多，并有在书上批注、钤印、写题识的习惯，所以今天我们对他的藏书情形是有比较充分的了解的。不过，《周一良读书题记》录题记约500条，西文书题记只有10条，其余都是中日文书的。周启锐在《出版说明》中称："这本题记是家父仙逝后，他的一个青年朋友孟刚先生到我家，我们两人花费好大力气，将家父藏书共一万多册整理一过儿时，顺便抄录出来的。由于书籍庞杂，有中文、日文、英文和线装古书等多种，所以不免有一些遗漏。"（《周一良读书题记》，周启锐整理，海豚出版社2012年12月版，第1页）周启锐也提到，已送人的书上的，未经采集。周一良旧藏西文书，其最精、最名贵者，见于荣新江、王邦维两位的记述。荣新江《周一良先生与书》（原载《读书》2002年第6期，后收入周启锐编《载物集：周一良先生的学术与人生》）中提到周一良送他的儒莲（Stanislas Julien）签名本《中文书中所见梵文名之识别及转写法》和伯希和（Paul Pelliot）的《亚洲高地》。王邦维《周一良的西文书与他早年的学术研究》备载周一良赠予的18种西文书，均为稀见的佛学、印度学著作，英文、法文、德文的都有。相形之下，我手上的《语言及诸语言》只好算是普通书。但它上面毕竟有周一良几百上千处批注，每回翻开书页，都被前辈学者治学之精勤所打动、所感染，所以这部书在我这里有了某种提振精神的效用。在怠惰、懒于读书时，在想逃避枯燥的文献工作的时候，一想到这部书的存在，似乎就多少能打起一点精神来了。不过，我终竟未下过那么大的功夫，是不待言的。

乔冠华

那天，我如常在网上的旧书店"闲逛"，一页接一页地翻图书目录。看到一本英文的《马克思恩格斯通信选集》(*Marx Engles Selected Correspondence*)，莫斯科外文出版社1953年版。这种书本极常见，不晓得为什么，还是随手点开了图片。书前空白页有用红色圆珠笔写的几个字："乔 1961.Ⅲ.11日 北京"。再往后翻，书名页后面的"出版说明"页有用蓝色圆珠笔写的几行字：

> 1938年第一次读完马恩通信集4卷在广州
> 1959年第二次读完通信选集1卷在北京
> 1961年10—11月第三次读完选集1卷在日内瓦
> 19/11, 1961.
> 在日内瓦追记

"日内瓦，日内瓦……"我略略沉吟。1961年去过日内瓦，或许不是一般人。再定定看那"乔"字。乔冠华？先想到的是这名字。随即到网上搜了搜乔冠华的笔

MARX ENGELS
SELECTED CORRESPONDENCE

叄

1961.Ⅲ.11⊓

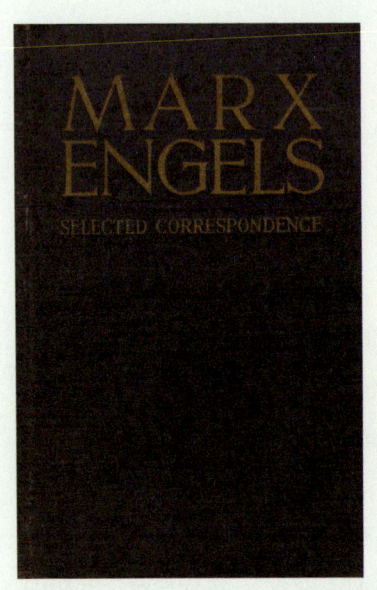

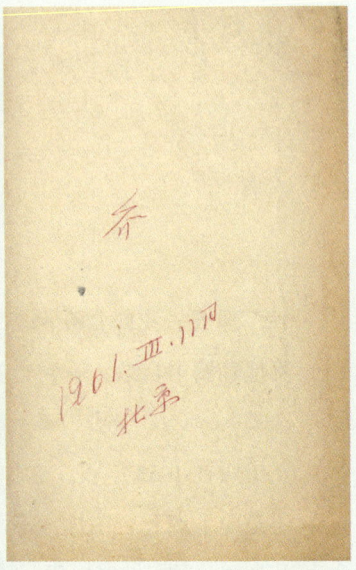

北京

PUBLISHER'S NOTE

The present English edition of the *Selected Correspondence* of Marx and Engels follows the Russian edition (Gospolitizdat, Moscow 1953).

All translated letters have been rechecked with their originals.

Letters written originally in English are starred in the contents table.

1938年中一次在它马克思恩恪斯全卷在广州
1959年中二次在它通伐选集1卷 在民革
1961年10—11月中三次在它选集1卷 第Ⅱ.Ⅲ Ⅳ月

19/11, 1961.
在南门凡道忆

---

17. MARX TO J. WEYDEMEYER, SEPTEMBER 11, 1851

17

MARX TO J. WEYDEMEYER

London, September 11, [1851]

... Signor Mazzini has also had to learn that this is the time of the dissolution of "democratic" provisional governments. The minority has resigned from the Italian Committee after violent battles. They are supposed to be the more advanced ones.

I consider Mazzini's policy fundamentally wrong. He is working entirely in the interests of Austria by inciting Italy to a breach now. On the other hand he fails to appeal to that part of Italy that has been oppressed for centuries, the peasants, and thus prepares new resources for the counter-revolution. Signor Mazzini knows only the cities with their liberal nobility and their enlightened citizens. The material needs of the Italian rural population—sucked dry and systematically enfeebled and brutalised like the Irish—are, of course, too low for the heaven-in-words of his cosmopolitan-neo-Catholic-ideological manifestoes. But it would have required courage, to be sure, to tell the bourgeoisie and the nobility that the first step toward the independence of Italy is the complete emancipation of the peasants and the transformation of their share-cropping system into free bourgeois property. Mazzini seems to think that a loan of ten million francs is more revolutionary than winning over ten million human beings. I am very much afraid that if worse comes to worst the Austrian Government will itself change the system of landownership in Italy and reform it in the "Galician" manner.¹

Tell Dronke I'll write him in a few days. Best regards to you and your wife from my wife and me. Think it over once more whether you should not really try to get settled here.

Yours,
K. Marx

---

¹ Striving to use the Galician peasants to suppress the Polish national liberation movement, the Austrian Government proclaimed in 1848 the abolition of feudal services in Galicia. Thereafter however laws were passed establishing high redemption payments to be made by the peasants.—*Ed.*

迹，一比对，还真是他的字。我订下了这本乔冠华的藏书。

1937年下半年，乔冠华在图宾根匆匆写毕博士论文。1938年上半年，在图宾根结识的军官赵玉军给乔冠华发电报，邀他去广州。当时，赵玉军任广东最高军事长官、陆军上将余汉谋的参谋长。乔冠华去了。晚年，他回忆说："在广州，赵玉军就安排我在主管的一个参谋处里工作。收集外国的军事情报和当时的国际情况……事情不多，我利用空余的时间还是看我的书，这是我的老习惯了。我从欧洲带回来一些德文的马克思的原著。其中包含四大本马克思和恩格斯的通信集。我在广州的空余时间，从容的把这四本书从头到尾的看完了。看完了书之后，加深了我对马、恩的认识和敬佩。"（《童年·少年·青年——乔冠华临终前身世自述（录音整理）》，收入《我与乔冠华》，中国青年出版社1994年3月版，第315页）看来，乔冠华对他读过四卷本《马克思恩格斯通信集》是念念不忘的。

1961年5月，日内瓦会议召开，讨论老挝问题。可能事先谁都想不到，这会一直开到1962年7月23日才结束，足足开了一年两个月零七天。1961年7月4日，陈毅率代表团部分成员先离开瑞士回国了，留下外交部副部长章汉夫等继续出席。乔冠华就是留在日内瓦的一个。身处异国，会议冗长，难怪他有暇重温马恩通信。

他未在书中写下批语，不过用红色铅笔、红色圆珠笔画线的地方倒不少。有一封 1851 年 9 月 11 日马克思致约瑟夫·魏德迈的信，批评马志尼政策错误的一段，乔冠华先用铅笔、后用圆珠笔，画了两遍，想是格外重视的。

赫兹里特（William Hazlitt）说过，重温自己喜爱的书，不仅仅是在体味那本书，更重要的是，其中掺进了回忆的甜蜜，那种人生仅此一次而且只会如此的感受与联想。在日内瓦，乔冠华不会不想起当年在广州从容读书的情景。此后不到三年，他被擢升为外交部副部长，政事纷繁，命运加速，怕就再无客舍展卷的余闲了。

王锺翰

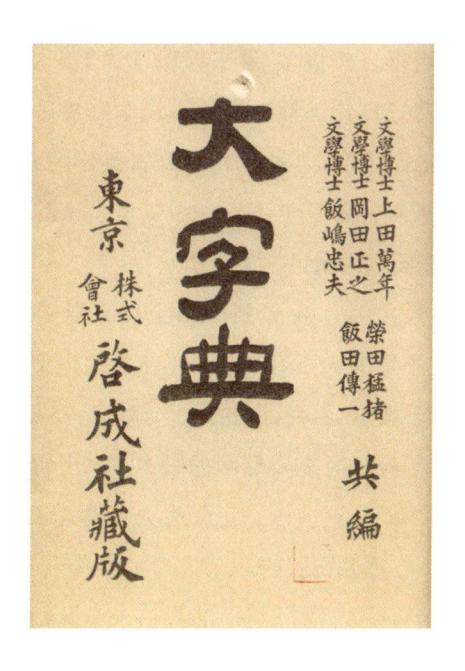

　　王锺翰先生作为清史方面的知名学者,学习过少数民族语言满文、蒙文。这自然也是深入探研清史的客观要求。其实,王锺翰先生还学过多门外语,其详情,就连他的弟子也未必了然了。七年间,我先后得到五部王先生旧藏的外文书,正好可以结合他的自述及弟子回忆,对王先生学外语的情形做个总结。

长沙雅礼中学，是美国人创办的名校，王锺翰15岁入学，学校对英语教学非常重视，令他打下坚实的英语基础。1934年，王锺翰进燕京大学。燕京是教会大学，英语用得自然极多。《王锺翰学述》一书中提及，洪业先生曾打算让王锺翰做日本汉学家鸟居龙藏的助手，王先生回忆道："我自1935年开始学习日语以来，由于心存抵触，总是学不好……"虽是谦辞，至少说明王锺翰在燕京时就已学了日语。

2017年10月，我买到一部上田万年等编的《大字典》。这书原为大正时代在日本出版的大型日文字典（全书近三千页），而我得到的这一部却是哈佛大学出版社在1945年应战时需要翻印的版本。书上钤一方篆文小印"王锺翰"。这应该是王先生去哈佛大学攻读博士学位期间，在那儿购置的。

2024年6月，我得到一部乔治·桑瑟姆（George Sansom）著《日文历史文法》（*An Historical Grammar of Japanese*）英文本，牛津大学出版社1946年版。书名页钤那方"王锺翰"小印。这部书是王先生细读过的，红铅笔画线、黑钢笔做中文批注处甚多。批注以他标志性的工整笔迹书写，虽并无学术性，只是作自我提示之用，但看起来还是颇悦目的。乔治·桑瑟姆为著名的日本学专家，他的三卷本《日本史》和一卷《日本文化简史》都有中译本。这部《日文历史文法》难度不小，王

AN HISTORICAL
GRAMMAR OF JAPANESE

BY

GEORGE SANSOM

OXFORD
AT THE CLARENDON PRESS

---

as we have seen, that the medieval colloquial did not substantially differ from the prose of the medieval romances. But already in the days of the *monogatari* there are evidences of a divergence between spoken and written forms. The spoken language of the Middle Ages, if we are justified, as I believe we are, in assuming it to be similar to the written language of the *Genji*, had the following main characteristics:

1. The structure of the sentence was of the native Japanese type. Any statement, however complicated, forms one sentence whose members are grammatically interdependent. Thus, you do not say 'This egg is bad. I cannot eat it', but 'This egg, being bad, eat can not'. The less important words in a sentence precede the more important ones, so that adjective precede noun, adverb precedes verb, our prepositions are in Japanese post-positions, and the verb is always the final element.

2. Moods, tenses, and similar aspects of the verb are expressed by the agglutination of suffixes, often forming compounds of considerable length and complexity. Thus, we have *kiku*, to hear, but *kikaretarishi*, 'has been heard'.
   The number of these suffixes in classical Japanese was considerable, and the rules governing their use were complicated.

3. The vocabulary consisted chiefly of native words, of a polysyllabic type, and contained only a few words of Chinese origin, which had become naturalized by frequent use.

It is clear that this was a language diametrically opposed in almost every respect to Chinese. Japanese was polysyllabic and diffuse, Chinese was monosyllabic and brief. In Japanese the relations between words were indicated by a full system of particles and suffixes, in Chinese they were shown as a rule only by position; tense, mood, &c., being expressed by special devices only where essential to prevent ambiguity. Japanese has few homophones which are likely to be confused, Chinese has many. In Japanese the order of words is the reverse of that in Chinese. It follows that

every approximation of the Japanese written language to the Chinese form involved a divergence between writing and speech in Japanese. We have seen that, at one time, the Japanese endeavoured, by writing in what we have called Sinico-Japanese, to force their written language into a Chinese mould; but that, though this hybrid style managed to survive in a remarkable way, it did at last break down under the more vital influence of the colloquial. The fundamental structure of all but the most learned Sinico-Japanese was the structure of the native Japanese sentence. At the same time, the written language was able to incorporate in its structure a number of features belonging to Chinese which, for one reason or another, the spoken language did not require or could not assimilate. This is true of many idioms and of certain constructions; but it is most apparent in the matter of vocabulary. We have seen that, from the earliest days of intercourse with China, the Japanese began to borrow Chinese words. This process continued on an increasing scale as they became better acquainted with Chinese things. But there is, in all languages, a natural limit to the absorption by the colloquial of imported words. The written language has a more powerful or a less fastidious digestion, and can assimilate almost anything that promises to be useful, while everyday speech will not take in an alien form until it has been thoroughly tested. Consequently there were many Chinese words which, though admitted in writing, were not current in ordinary conversation. Moreover, quite apart from this natural limitation, there was a special reason, and a very important one, why Chinese words, however useful in writing, could not be freely admitted into speech. Chinese contains an extraordinary number of homophones—words of the same sound but of different meanings. A great deal of Chinese syntax, and of such accidence as Chinese may be said to possess, is concerned with expressing distinctions between these homophones; and these methods are supplemented by the use of tones. The Japanese, however, could not, in speech, imitate either the Chinese tones or the grammatical devices in question, and they were therefore unable to adopt into the colloquial as many Chinese words as they otherwise might have done. In writing, it was another matter, for each of a group of Chinese homophones had its

锺翰能学下来，可见日文水平其实并不低。

王先生到哈佛是 1946 年 8 月。《王锺翰学述》中记述："从我得到通知到 1946 年夏，还有大半年时间，校方便让我先在成都跟一位德国女教师学习德语。因为哈佛大学对语言要求很高，仅会一门英语是拿不到学位的。这也正合我意，我便专心学习德文。"

2017 年 11 月，我又买到一本德文初级读物，是摩根（B. Q. Morgan）编著的 *Das Peterle von Nürnberg*，改编自布吕特根（Victor Blüthgen）的作品，为方便英语国家学习者，用简易德文写就。此书扉页上钤的仍是那方"王锺翰"小印。此书可能是王先生初学德文时用过的读本。

入哈佛即开始学语言。《王锺翰学述》中写道："第一学年，我选修了拉丁文、日文、远东史等课。拉丁文学习是很费功夫的，几乎占据了我全部时间。"

2018 年 12 月，我买到一本美国出的拉丁文教材，是格雷（Mason D. Gray）与詹金斯（Thornton Jenkins）合著的《今日拉丁文：第二年课程》（*Latin for Today: Second-Year Course*)1934 年修订版。该书系道林纸精印，当年售价应不菲。书上钤的还是那方"王锺翰"小印。不过，书上干净得很，不知王先生认真学过没有。

《王锺翰学述》里讲过一句："……我赴美留学，用大量时间学习拉丁文和德文、法文、蒙文、满文……"

LATIN FOR TODAY

SECOND-YEAR COURSE

By MASON D. GRAY
LATE DIRECTOR OF ANCIENT LANGUAGES IN
EAST HIGH SCHOOL AND IN JUNIOR HIGH
SCHOOLS, ROCHESTER, NEW YORK

and THORNTON JENKINS
HEAD MASTER, HIGH SCHOOL, MALDEN, MASSACHUSETTS

REVISED EDITION

GINN AND COMPANY
BOSTON · NEW YORK · CHICAGO · LONDON
ATLANTA · DALLAS · COLUMBUS · SAN FRANCISCO

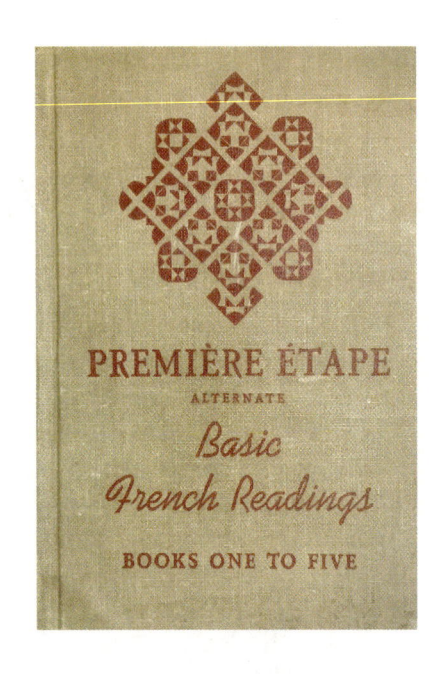

这里面又出现了法文。后来我买到一册美国出版的法文读本，叫《法文初阶》(Première étape)。该书由芝加哥大学的邦德（Otto F. Bond）任主编，内含五分册，分别是改编自大仲马《基督山伯爵》《黑郁金香》、雨果《悲惨世界》等书的简易法文读物。书中多处钤印，都是那方"王锺翰"小印。从印刷时间1947年看，可能是王锺翰在哈佛期间购置，用来学法文的。

定宜庄在《我和我的老师》（收入《想念王锺翰》一书）中回忆王锺翰先生："上世纪50年代中苏关系密切的时候，他也曾自学俄语，据他自己说已经到了能阅读

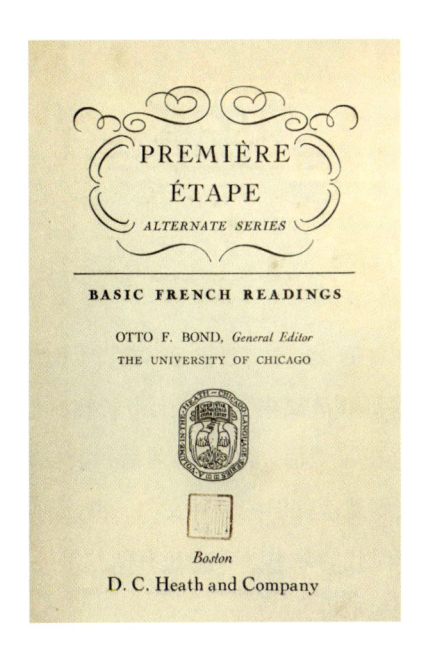

一般文章的程度，不过后来又都忘了。师母则不止一次控诉他，说他那时学俄语之痴迷，到了孩子跌倒在他身边哭，他都顾不上扶的程度。"姚念慈并说王先生"教授过俄语"（同上书）。看来王锺翰先生的俄语水平不低。

现在，我们总结一下：王锺翰先生学过的外语，至少包括英语、日语、德语、法语、拉丁语、俄语这六门语言。如此看来，在懂外文多而又有所建树的中国现代学者中，王锺翰先生虽排在陈寅恪、闻宥、徐梵澄、钱锺书、季羡林等之后，但也很可算是博涉多能的一位了。

夏济安

1949年4月23日，夏济安乘船离上海，往广州，27日飞抵香港。乱离中自顾不上带长物，他33岁以前的藏书都留在了上海。2019年前后，我陆续从不同的书贾那里买到夏济安旧藏的外文书，共三种，无疑都是夏济安青年时代的藏书。其中还有两种是他曾在文字里道及的，尤为难得。

沈慧瑛《多情才子夏济安》（原载《档案与建设》2010年第12期，后收入《君自故乡来：苏州文人与文事稗记》，上海文艺出版社2011年9月版）一文写道："从苏州走出来的少年夏济安（1916—1965）是地地道道的苏州人，早年就读于苏州桃坞中学。与钱锺书是校友，那是苏州有名的教会学校，全英文教育，因而，他受到了良好的英语教育，后于1934年在苏州中学完成高中学业。"

我买到的第一种夏济安旧藏为斯威夫特小说《格列佛游记》（*Gulliver's Travels*）英文版，纳尔逊（T. Nelson）父子图书公司出版，无出版年月，从形制、装

222661

GULLIVER'S TRAVELS

By
Dean Swift

海外軒渠錄

T. Nelson and Sons

帧推断，为19世纪末或20世纪初刷印者。书名页钤朱文篆印"夏济安"，有蓝色钢笔写下的稚拙字迹"《海外轩渠录》"，不知何人所书。此外，盖紫色圆章"上海戏剧学院图书馆藏书"，说明该书较早就流散了，后被图书馆收藏。我猜测，这或许是夏济安中学时期的读物。

关于《格列佛游记》，夏济安在一篇书评里间接提及过。1941年2月《西洋文学》第六期上有署名"夏楚"的书评，评的是毛姆谈经典阅读的一部小书《书与足下》(*Books & You*，现通译《书与你》)。"夏楚"为夏济安的笔名。书评作者对毛姆在书中表达的一些见解表示认同，其中一句谓："他说史惠夫脱（Jonathan Swift,《小人国》作者）的英文，流畅坚实，生气勃勃，自然风雅，可称古今第一枝笔。"（第712页）"史惠夫脱"即斯威夫特，《小人国》指《格列佛游记》第一卷讲利立浦特（Lilliput）游踪的部分，但《格列佛游记》其实还有另外三卷，讲"大人国"布罗卜丁奈格（Brobdingnag）等几个地方。书评的表述略欠准确。在夏济安旧藏《格列佛游记》"大人国"部分，有铅笔标注生词的笔迹，不知是不是夏济安写下的，如果是的话，那他应该也记得"大人国"才对。

1940年，夏济安从上海光华大学毕业，留校任英文教师。在光华大学文学院外国语文学系1940年的一份资料上，可看到夏济安担任的课程为"基本英文"。夏志清在《夏济安日记》前言中回忆："济安在光华读书、教书的几年，一直没有女友，要散心就是看电影、逛旧书铺，虽然他交友比我广得多。"

2019年12月，我买到一部翻印本的托马斯·曼小说《绿蒂在魏玛》英文译本，英译者将书名改为《爱人归来》(*The Beloved Returns*)，原版由克诺普夫（Alfred A. Knopf）出版社于1940年推出。所谓翻印本，是民国时期上海盗印外文书以牟利的特殊产物，有的盗印者明目张胆印上中文标签，而《爱人归来》则盗得低调些，只把原出版社及其标志从书名页隐去就完事（但书脊上的Knopf字样仍在）。《爱人归来》翻印本，我后来还见到过带着漂亮书衣、保存甚佳的一册，不过我手上的这部已无书衣了。该书书名页钤朱文篆印"夏济安"，与《格列佛游记》上的是同一方。书末空白页盖"中央西书社"印，地址是上海静安寺路（今南京西路）1133号，夏济安应该就是在此书店购得的。

《爱人归来》书中从头到尾有夏济安铅笔勾画、英文批注颇多，看来他读得很细。1941年4月《西洋文学》第八期刊出署名"夏楚"的书评，评的正是这部书。夏济安这篇书评写得十分别致，先用讲故事式的、动情的笔调把《少年维特的烦恼》的情节复述了一遍，然后才点出："时间又过了四十四年。歌德已是一个六十七岁

Thomas Mann

THE BELOVED RETURNS

LOTTE IN WEIMAR

Translated from the German by
H. T. LOWE-PORTER

1940

的老人……爱人是归来了。绿蒂——六十三岁的寡妇，十一个孩子的母亲，带了她灰暗的头发，肥硕的身躯，和一个近卅岁的女儿，到威玛城省视妹子来了。……这个就是汤马士曼最新小说《爱人归来》或《绿蒂在威玛》的题旨。"关于这部长篇小说的结构，夏济安写道："全书分九章，当我读到第八章的时候，我想这本小说可以称作《双日记》（"A Tale of Two Days"），因为书中前七章都是讲绿蒂到威玛城的那一天，第八章所述也不过是她到后第三天歌德设宴洗尘的事，后来第九章来了，才表了一表这两天以后，绿蒂在威玛的经过。"（第245页）

在翻印本《爱人归来》第七章末尾（原书第374页）空白处有夏济安的英文批注："All happened in one day. Oct 6 or Sep 22?"（"一切都发生在一天之内。是10月6日抑或9月22日？"）在第八章开头（原书第375页），夏济安则拟了个英文章节名，叫"The Feast"，即书评中所谓"设宴洗尘"之意。可见夏济安在书评中表达的意思与书上批注内容吻合。

还有一些批注内容未体现在篇幅不长的书评中。比如，在《爱人归来》第三章（原书第78页），夏济安在一段原文下画了线，批注道："Riemer's criticism on Goethe"（"里默尔对歌德的批评"）。这段文字写的是："我再问一下：为什么只有他呢？还有什么东西起了作

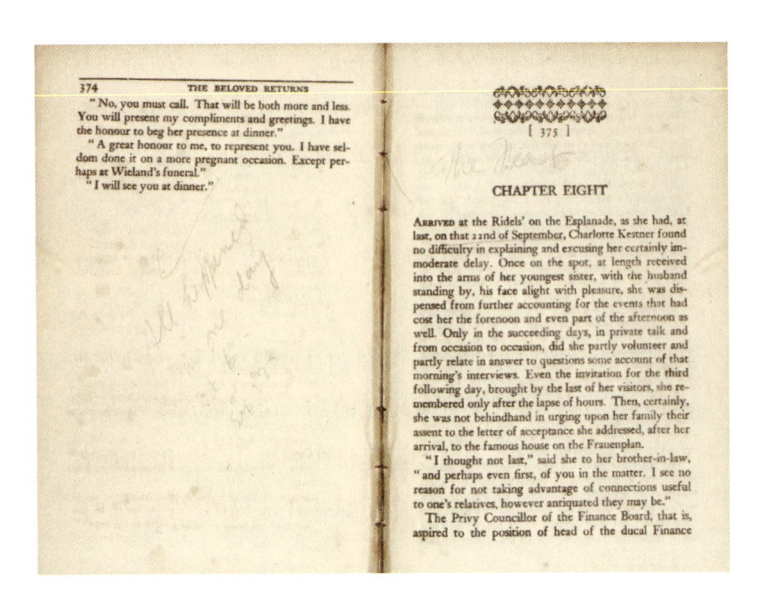

用，使他成为一个半神，把他上升到星空之中？"（此据侯浚吉译文）此处是歌德秘书里默尔对歌德的腹诽之辞。尽管里默尔学识相当渊博，却只能在大师面前低眉顺眼，打打下手。四十几岁的人了，还被歌德唤作"好孩子"，里默尔胸中鼓荡不平之气。夏济安画线的隽语妙句尚多，这里就不一一介绍了。

1948年11月17日，其时解放军迫近北平，在北大教书的夏济安致信夏志清："近数星期以来，时局日趋变化，北方逃难人颇多。我有一度想不等学期结束，径自回南，后来怕这样不能得到校方谅解，以后不再要我，我在南方又没有好差使，只好等到时局真紧急或放寒假时再说。关于走的准备,已经交邮政局寄沪两箱书,连我的大字典在内,共45公斤。书还有不少,以及暂时不用的衣服等,想陆续寄走。可是近来穷得要命,寄费虽不贵,亦不容易筹措,等到稍微宽裕一点,再去一包一包地寄。"(《夏志清夏济安书信集》卷一〔1947—1950〕,联经出版事业股份有限公司2015年4月版,第219页)在这封信里,夏济安提到自己"穷得常常身边只剩一两天的饭钱",但他还是不忘买书。同一信中写道:"最近买到一本六百多页的Boileau(布瓦洛)集,有法文译注,想好好读一下,同时想把他来和Pope(蒲伯)比较一下。我正在照你的办法读classics(经典),对于Byron(拜伦)的研究拟于读掉*Faust*(《浮士德》)之后,对Pope多了解也可帮助了解Byron。我的读书兴趣虽然不很强烈,但是不论环境如何,倒是始终保持的。"(同上,第220页)

夏济安在兵荒马乱之际购得的这部布瓦洛集,到了我手上。这是巴黎吉戈尔(J. de Gigord)出版社1912年推出的一个详注本(修订二版),由拉封丹(Lafontaine)神父编注,题为《布瓦洛经典作品集》(*Œuvres Classiques*)。书前有英文写下的时间、地点:"November 13, 1948 Peiping"("1948年11月13日于北平"),应是夏济安购书当天留下的。书名页钤朱文篆印"济安",此印刻得颇精。

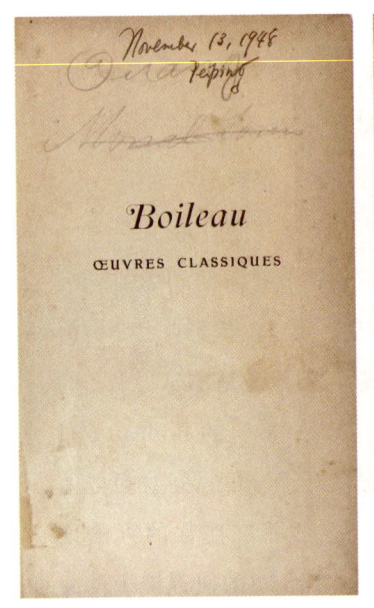

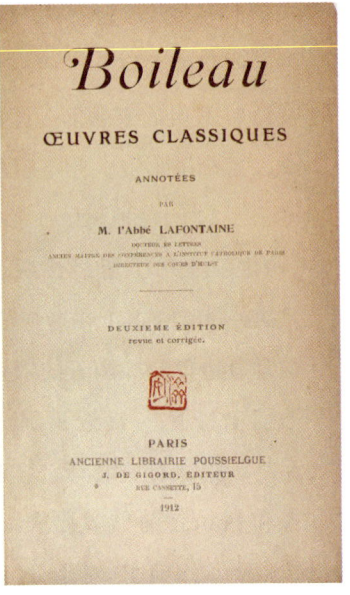

布瓦洛是法国17世纪的诗坛名宿，也是古典主义的批评大家，搞批评的人无不知道他的诗体论文《诗的艺术》。《布瓦洛经典作品集》中有阅读标记的，主要在《诗的艺术》第三章，这一章论述悲剧、喜剧和史诗，在探讨悲剧时着重阐述了著名的"三一律"。第三章第41至46行写道：

在粗糙的戏曲里时常有剧中英雄
开场是黄口小儿终场是白发老翁。
但是我们，对理性要服从它的规范，

我们要求艺术地布置着剧情发展；

要用一地、一天内完成的一个故事

从开头直到末尾维持着舞台充实。（此据范希衡译文）

这是对所谓"三一律"的经典说明。此处在"一地"下面有铅笔法文批注"unité de lieu"，在"一天"下面有铅笔法文批注"temps"，虽是不甚整全的短语，意思倒很清楚，是说"地点与时间的一致"。书中的阅读标记也许出自夏济安——作为一个评论家，他会读《诗的艺术》再正常不过。

夏济安的法文有一定水准。1955 年 8 月 28 日，夏济安在致夏志清的信中曾提到，他在美国街头跟一个青年攀谈："我听见那人的英文有点'弯舌头'，问他是哪里人，他说是加拿大 Montreal（蒙特利尔）人，我就用法文说一句：'Parlez-vous Français？（您讲法语吗？）'两人边走边谈，他大讲法文，我也用半英文半法文的同他谈。"（《夏志清夏济安书信集》卷三〔1955—1959〕，联经出版事业股份有限公司 2018 年 10 月版，第 72 页）过去的中国学者，往往重视外文阅读更胜口语，夏济安既能开口讲，他的法文阅读应该是没问题的。

1948 年 12 月 2 日，夏济安从北平搭飞机回到上海。

他走得及时，不久被围的北平就飞不了飞机了。夏济安 1948 年 12 月 20 日致夏志清的信中谓："我这次飞机上带来 62 斤行李，书籍交邮局寄的约有 100 公斤，还没有收到，想都搁在天津，不免损失。"（《夏志清夏济安书信集》卷一〔1947—1950〕，第 239 页）后来这约 100 公斤的书籍肯定还是运到了上海，因为《布瓦洛经典作品集》就在其中。《布瓦洛经典作品集》书末盖了"上海外文书店"销售章，用的简体字，说明书是在 20 世纪 60、70 年代后散出的。

在现代中国学人中，论英文写得地道雅驯，夏济安排得进前几名。若是 1949 年春他留下未走，大概没机会把英文练得如此炉火纯青。纷扰未靖之时，他选择了孑然远遁，置书物于不顾，全无读书人的痴气。是啊，天地翻覆之际，书算什么？如今，且趁承平，偷得半日之闲，抚读前贤旧籍，似亦可抵十年的尘梦。

夏志清

2013年12月29日，夏志清先生去世的消息传来，我赶忙把刚写了个开头的小文章写完，两周后，2014年1月12日的《东方早报·上海书评》就将我的《夏志清少作考》刊出了。写罢此文，我掷笔而叹曰：天下读夏志清之文者多矣，其熟习逾予者，殆无之——其实，稿子匆匆写毕，我就睡觉去了，并没有这番表演；不过，假如说一定要造作出一个富戏剧性的镜头，那像上面这样讲，恐亦未尝不可。考索之初，我的确把夏志清用中文写的所有文章都读了数遍，与考证可能相关的篇目更反复读过不下十遍。没想到的是，我对夏志清的中文文章下的这点儿笨功夫，在《夏志清少作考》发表后，又对买书起了一点作用。

2016年10月，我在旧书网站上浏览外文书时，见到一册陀思妥耶夫斯基作品《地下室手记》的英译本 Letters from the Underworld，是普通的"人人文库"（Everyman's Library）本，1929年版。图片展示，书名页有英文签名，写的是："Jonathan Hsia at Heine-

LETTERS FROM THE UNDERWORLD

FYODOR DOSTOEVSKY

Jonathan H___
at ___mann's

LONDON: J. M. DENT & SONS LTD.
NEW YORK: E. P. DUTTON & CO. INC.

mann's"。在威妥玛拼音中，Hsia对应的姓为"夏"。而那个英文名Jonathan（乔纳森），让我即刻忆起夏志清在上海三联书店2000年版《鸡窗集》的跋里讲自己念沪江大学时有了个英文名的故事："进入大三……秋季上英国文学史这门课，卡佛（George Carver）教授有一堂专讲18世纪文豪斯威夫特（Jonathan Swift），下课后我对〔张〕心沧说，颇为其恋爱事迹所感动。心沧灵机一动，也就称我为Jonathan。在我的同学好友眼里，我既早该有个英文名字，Jonathan此名一下子就传开了。"宋淇为九歌出版社1984年版《鸡窗集》写序时也回忆，夏济安在一本英文小说 *My Brother Jonathan*（《我的兄弟乔纳森》）扉页上写过给弟弟夏志清的赠语："To my dear brother Jonathan"（给我亲爱的兄弟乔纳森）。这样看起来，英文《地下室手记》上的签名有可能是夏志清留下的。我遂买下此书。

收到书后，发现除了书名页的签名外，书前衬页还有一个签名，写的是"Jonathan Hsia December 11, 1943"。而在书后衬页贴有书店售书签，写的是"ABC News Company, 391 Szchuen Road, Shanghai"，这是设在上海四川路391号的一家书店，中文名叫"华华杂志公司"。1943年12月11日，上海，夏志清。时间、地点、人物，无冲突之处。事实上，夏志清曾在《〈师友·文章〉序》中写道："大学毕业后三年

（一九四二—四五），住在上海，交不到女朋友，买书变成我最大的 passion，收入的大半都交给了上海法租界几家旧书铺。"另一签名中的"Heinemann's"，疑即书店名。

夏志清嗜读陀思妥耶夫斯基之书，我在《夏志清少作考》中已提及。在《文学杂谈》中，夏志清讲自己受到约翰·柯伯·坡易斯（John Cowper Powys）趣味的影响，说："读荷马、杜思退益夫斯基，当然用不到任何人推荐，但我同坡易斯一样，终身偏爱此二人。"1945年至1946年，夏志清到台北工作，他在那里读了二十多种书，其中就有陀思妥耶夫斯基的长篇小说《少年》英译本（见《红楼生活志》）。1948年3月6日，夏志清在给哥哥的信中写道："陶斯托夫斯基却为世界第一小说家"（见《夏志清夏济安书信集》卷一〔1947—1950〕），"却"字想为"确"之讹，可见夏志清对陀思妥耶夫斯基之推崇。因此，他在1943年购读《地下室手记》，是合情理的。

书上且有书主人的英文涂鸦一处，是以富装饰味的英文书法写下的书名及章节名。

既然这本书很可能是夏志清收藏过的，那么，我自然想到，这家书店会不会还有其他书同为夏志清旧藏呢。不过，只从书店提供的图片来看，是没有线索了。于是，我依据英文书的作者、内容、出版时间来评

SKETCHES AND TALES
from the
FRENCH
Translated by
Lafcadio Hearn
With Preface by
Albert Mordell

The present volume contains probably the cream of Hearn's miscellaneous translations from the French, and both original and translation are of a highly literary character. No doubt the reader will welcome the fascinating short stories Hearn chose from the French authors he loved.

KANDA : THE HOKUSEIDO PRESS : TOKYO

估，猜测哪些书可能为夏志清旧藏，这样断断续续买了几次。尽管其中有一本，据我推测，也许出自夏济安、夏志清旧藏，但由于书上并无字迹，无法确证。希望似乎有些渺茫了。没承想，到了 2018 年 2 月，火苗再次闪现。

这一次，在我从这家书店购入的书中，有一本小泉八云（Lafcadio Hearn）翻译的《法国小品与故事集》（*Sketches and Tales from the French*），是日本北星堂书店 1935 年出版的英文书，收戈蒂埃、福楼拜、利尔-亚当、都德、米尔博等人的作品。在书前空白页上，有一签名："Jonathan Hsia December 18, 1943"。笔迹与《地下室手记》上的相同，时间则仅相差一周！

小泉八云，是夏志清熟悉的。1981 年，夏志清在为吴鲁芹《英美十六家》一书写序时称："……发现鲁芹同我初读英国文学，启蒙师都是小泉八云，觉得非常有趣……我们正轨研究英国文学的，较易接近小泉八云：他那几本浅论英国文学的书，原是写给日本学生看的讲义，中国学生看了，也觉得亲切易懂。"（见《杂七搭八的联想》）。《法国小品与故事集》虽非小泉八云的创作，但夏志清会因了这个名头而购读此书，亦在情理之中。

2018 年 3 月，我再次在这家书店订购了几本英文书，而其中有一本是 20 世纪 80 年代初夏志清签赠给他在上海的六妹玉瑛夫妇的。因夏先生后期的笔迹较易见，一比较即知为亲笔。至此，已可得出结论：这家书店所售、题署 Jonathan Hsia 之书当为夏志清青年时代的旧藏，与夏志清后来签赠六妹之书同出一源。

但发现并未就此结束。2018 年 12 月，我又在旧书网上买到一册夏志清青年时代的藏书，但这次却是另一家书店了。

此书为德文版的《如果种子不死》，安德烈·纪德著，德文版改题 *Stirb und Werde*，出版于 1930 年。书前空白页有英文题识："One of Jonathan Hsia's proud possessions November 27, 1945"（"夏志清引以为傲的收藏之一。1945 年 11 月 27 日"）。尤奇者，在书名页，有中文题字："夏志清藏　一九四五·海涅门"，并钤朱文篆印"夏志清"。夏志清的中文签名和英文签名"Jonathan Hsia"出现在同一本书上，坐实了 Jonathan Hsia 为夏志清英文名这一事实，且由于此书的英文笔迹与我之前所得《地下室手记》《法国小品与故事集》中笔迹吻合（如 Hsia 中字母 i 上的圆点，均被写成一个小圈），可证实这些书均为夏志清旧藏。"海涅门"，即《地下室手记》上写的"Heinemann's"，当为书店名。夏志清 1943 年、1945 年在这同一家书店买了西文书。

夏志清为什么会买安德烈·纪德的书？事实上，夏志清读书的习惯是，只要认准了一位作者，会尽可能遍

ANDRÉ GIDE

STIRB UND WERDE

Wahrlich, wahrlich, ich sage euch,
wenn das Weizenkorn nicht in die
Erde fällt und erstirbt, so bleibt es
allein; wenn es aber erstirbt, so trägt
es viel Frucht. Ev. Joh. XII, 24.

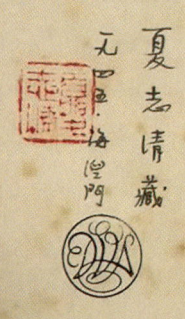

夏志清藏

ÜBERTRAGUNG VON
FERDINAND HARDEKOPF

DEUTSCHE VERLAGS-ANSTALT STUTTGART
BERLIN UND LEIPZIG
1930

读其书。姑举一例：20世纪上半叶有位英国评论家叫墨瑞（John Middleton Murry），现在此公已经几乎无人记起了，但夏志清在上海的时候却读了许多他的书："墨瑞的著作当年上海工部局图书馆藏有八九种，连他的自传我也读了。"（见《杂七搭八的联想》）陀思妥耶夫斯基的情况自然也是如此。纪德呢，我在《夏志清少作考》中已提及，夏志清以笔名"文丑"发表的文章《文学家与同性恋》（刊于1944年10月《小天地》第三期）里对纪德的著作《柯利同》（*Corydon*）进行了详细评介（约占全文三分之一篇幅）。《柯利同》一书，在纪德的著作中属于相当偏僻、读者甚罕的一种，而夏志清居然对它发生兴趣，或许说明夏志清曾对纪德的诸多著作下过一番功夫。那么，他会购读《如果种子不死》，也就毫不奇怪了。

纪德的原著是用法文写的，而夏志清在上海时尚未学过法文，所以只能借助译本。按说他读英译本要方便得多，但读德文版也合情合理。夏志清在《红楼生活志》一文中回忆："我德文在大三那年读了一年……毕业后，在家里自修，修到一定程度后，就专读名著……"夏志清的德文水平达到读歌德、海涅、席勒、托马斯·曼的程度，当然也可以读纪德的德译本了。

不过，这本书所署日期"1945年11月27日"倒费人思量。因为按照夏志清在《夏济安日记》1974年版序中的说法,"抗战胜利后,徐祖藩任命为台北航务管理局局长,父亲见我赋闲在家,托他带我去。十月动身……",则1945年11月27日夏志清人是在台北的。夏志清在同一篇文章中提到:"……其实我航务一窍不通,普通公务也办不来,还是依我故例,在办公室里读我的书。但书带得不多,加上住在宿舍,两人一间房,晚上无书桌可供我读书,只好到街上去乱跑。"1978年,夏志清又在《红楼生活志》中回忆:"最近无意间重翻一遍40年代我在上海、台北、北平所记的一本备忘录,发现在台北期间也读了二十多种书……"不过,所列举之书皆为英文书。又称:"去台北一年,德文当然荒废了不少,返上海那个月即重读《浮士德》……"我猜,有一种可能,就是1945年早些时候夏志清在上海的书店买了此书,然后携至台北,在台北阅读时写下的日期。是否如此,只能留待那本"备忘录"公开时再下判断。

还有一点,也应该注意,那就是,此书与我之前得到的两册夏志清旧藏,并不是同一家书店所售。这说明,夏志清早年的藏书已经分散。

2019年5月,我购得第四种夏志清旧藏。英文书名为 Rubaiyat of Omar Khayyam and Six Plays of Calderon,是爱德华·菲茨杰拉德翻译的奥玛·海亚姆诗集《鲁拜集》与西班牙戏剧家卡尔德隆的六部剧本的合集(以下简称《鲁拜集及其他》），与《地下室手记》一样，为"人人文库"本，1935年版。

此书购自之前两家书店以外的第三家，更明确了夏志清藏书星散的事实。还有一点不同在于，之前买下的三册，店家并没有标注前收藏者身份，而这一次，店家把"夏志清"的名字明明白白打出来了。书前衬页上有毛笔书写的"诗集 夏志清"五个字。书名页钤"夏志清"朱文篆印，与《如果种子不死》中的是同一方，并有英文签名："Jonathan Hsia October 1943"（"夏志清 1943年10月"）。在英文签名四周有钢笔画的放射状的线条及花饰，当为夏志清的涂鸦。此外，左上方钤朱文隶书印"蠹鱼楼藏"，由于此印与"夏志清"篆印印色差别甚大，估计是另外一任书主所钤了。书名页前的一页还有英文涂鸦一处，写的是书名，同样为富装饰味的英文书法，当为夏志清所书。

看时间"1943年10月"，则知《鲁拜集及其他》是目前我得到的四种夏志清旧藏中最早的一种。不过，也仅比《地下室手记》《法国小品与故事集》早两三个月左右。这三种英文书实在可以归为一组。

《鲁拜集及其他》也是四种书中划线、批注、涂鸦最多的一种。从写着书名、作者名的涂鸦在书页间分布之频密看，22岁的夏志清似乎童心未泯，喜欢乱写乱画。前面一共四十几页的《鲁拜集》部分划线、批注甚多，而后面卡尔德隆戏剧部分干干净净，说明夏志清只读了此书的《鲁拜集》部分而未读"其他"。批注中英文并用，多数是对其中难字的解释，只有一处例外，即菲茨杰拉德译《鲁拜集》第三十六首，夏志清在旁边写下"乌盆计"三字。"计"当为"记"之讹。

这首诗，我在此引用孙毓棠的译文（孙译刊载于1941年3月《西洋文学》第七期，而夏济安曾多次为《西洋文学》杂志供稿，夏志清有可能读过孙毓棠的译文）：

> 我记得当初停脚在街衢，
> 看见过陶师捶捣湿泥：
> 泥里有纤弱的声音喃喃道——
> "轻轻地，朋友，轻轻地，我求你！"

我们知道，《乌盆记》是有名的剧目，讲附在乌盆中的冤魂申诉的故事。《鲁拜集》这首诗写陶师捶捣的湿泥里传出了人声喃喃，夏志清联想到中国戏剧中的乌盆冤魂，这一对比无疑是恰切的。非要"拔高"的话，也可以说是比较文学思维的些微体现吧。

夏济安、夏志清兄弟在上海时藏书不少。1946年夏，夏济安从北平返沪，《夏济安日记》1946年6月10日记："家里好书还有不少，可以一读。"这可以看作对昆仲二人藏书的总体评价，而从夏济安当时阅读的书目推测，其中外文书占较大比例。

关于夏志清青年时代藏书的去向，夏志清本人有过说法。1976年说的"文革时我上海家里的西洋书全被没收"（《追念钱锺书先生》），未必准确，因为彼时消息难通，真相莫明。1999年讲："一九八三年六月我回到上海老家，才知道所有我的藏书被玉瑛妹交给政府后并未发还，想必都给毁了。"（见《初见张爱玲 喜逢刘金川——兼忆我的沪江岁月》）所说或许符合夏志清自己了解到的情况，尤其是曾上交一节，当有一定事实基础。但如上文所谈及的，20世纪80年代初夏志清签赠给六妹玉瑛夫妇的书也混在散出的夏志清旧藏中，那么，难道说到了80年代初尚需将此书上交不成？这就不能不使人产生疑问。一个有一定可能性的推测是，或许夏志清藏书早年曾一度被六妹上交，而较晚时发还，六妹未将此事及时向夏志清报告，所以夏志清掌握的情况并未及时更新，而这批藏书或是在六妹身后散出的。

无论如何，这批夏志清旧藏的发现，为我们了解夏志清早年智识发展的实态和进程提供了有益的材料。毕竟，打捞、董理一个人散佚久矣的藏书，等于揭开了笼罩其精神世界的幕布的一角。

后记

这本小书能成形、面世，首先要归功于陆灏先生的提撕奖掖。2017年初，陆先生命我为上海《文汇报·笔会》写一点千字短文。我拟了个栏目名，叫"西书瞥记"，后省称"西瞥记"，为平日读外文书的札记随感。一开始是捡到什么写什么，后来逐渐转为专写自己近年购得的名家旧藏西文书了。《西书东藏》目下所收，有十来篇的初稿即出自这个系列。后来"西瞥记"收摊，有相关的文字写就，也还是投到《文汇报·笔会》发表。嗣后陆先生跟我说，这些零篇散章可设法结集出版，书名即由他拟定。现在，他又慨然题签。其雅静腴润的书法是出了名的，委实令小书增色不少。陆先生对此书的关切贯穿始终，若没有他的鼓励、支持，《西书东藏》绝不可能写成。我的感激之情，是很难表达充分的。

2017年春节假期，我写了一篇《另一种"知识的考掘"——丙申所得名家旧藏外文书小记》，交刘小磊兄，于3月在《南方周末》发表。《西书东藏》中唐钺、章伯钧、邵循正各节，即发源于此，只不过皆经大幅加笔改订了。后来我写的夏志清、杨刚等篇，也经小磊兄之手刊布。在此要向他申谢。

2018年3月30日，我在北京大学静园二院做了一次小型报告，题目是"现代北大学者的西文藏书"。活动由我尊敬的高峰枫教授居间联络并主持，至今铭感。报告中谈及二十二位学者，其中关于邵循正、赵萝蕤的部分经改写收入本书，对周一良旧藏的那部书，则另起炉灶，于2024年5月底才草毕。

从2021年1月到2024年5月，我写梁漱溟、洪业、徐志摩、吴宓的四篇文字，陆续投给卫纯先生，经过他精审的校改，在《读书》杂志上刊出。我想向他致以谢忱与敬意。

我写藏书方面的题目，最早可追溯至2006年第10期《收藏·拍卖》上发表的一篇《三位名学者的西文藏书》。文中关于向达和钱锺书的部分，现加删订，也收入本书。其时，豪爽的宋浩兄主持甫创刊的《收藏·拍卖》，杂志办得极有生气。所谓"河海不择细流"，亦约稿于余。不知我哪来的勇气，就交出了这么一篇。今日回想，不能不对自己当年的固陋感到羞惭，同时也不禁对彼时好书之易得徒然兴慨。后来，宋浩兄复持来一束匋斋书札，嘱为释录评析，以充杂志篇幅。我看了好些时，终于婉辞，还算是有些自知之明，得以藏拙，然对主编雅意，则不能无抱愧之心。虽同在广州，一晃竟多年未见，现在借此机会跟他郑重道声多谢。

有两位重要的人，对《西书东藏》成书起着决定性作用。肖海鸥女士，从《既有集》起，就是我的小书的编辑。她的专业、耐心、宽容、慷慨，是我永不能忘的。若不是她毫不犹豫地应允由"艺文志"来出版此书，大概天底下就不会有这样一本书了——因为书中有近三分之一内容是在有了成书之议后才一点一点勉力写出的。宋希於兄，聪敏英锐，腹笥甚富，平日即对我帮助良多。此番他细心校阅这本小书，拾遗补阙，匡我不逮，令人感佩。

此外，尚有耆宿、师友曾于拙文刊布前后指正赐教。2023年9月，时年94岁的程毅中先生指出我在《钱锺书与"借痴斋藏书"》一文中对"借书一痴"的解说不甚稳妥。现已遵其教示，对相关文字进行了改写。惜乎先生已于今年3月去世，无缘将此书呈献于他了。我素来敬服的范旭仑先生赐示，我写钱锺书先生所读《奇境中的恶意》一文有一处事实错误，书中已做修正。对这两位前辈，我深深感念。

此书中，曾在成书前发表的篇章，均经不同程度的增改、删订，有的补充了此前未寓目的史料，有的则补述了晚近购得的名家旧藏——最迟者为2024年6月初刚入手的。总之，面貌的变化颇大。还有十篇为未刊之作，草成不久，奢望能邀得读者的注意。当然，囿于极有限的闻见、学力，书中舛误、缺漏、未详未尽之处一定不少，恳请方家批评见教。

外文藏书这一题目，本只是有书癖的人痴气发作写来玩儿的，没承想，多年下来，居然越写越认真，把消遣当正经营生做了。《西书东藏》尚只谈到了我此类收藏的一小部分，接下来的几年，还打算再写一组文字，除了西文书，也会写一写日文书。清末士人东渡日本求学者众，其后中国学者、文人习日文者亦夥，下一本小书里，谈日文书的也许要占一半比重。自然，书名也需另取，读者诸君如想到恰切的好书名，甚盼见告为感。

刘铮

2024 年 6 月 11 日于广州

图书在版编目（CIP）数据

西书东藏：中国文化名家的外文藏书 / 刘铮著.
上海：上海文艺出版社, 2024. -- （艺文志）.
ISBN 978-7-5321-9078-2
Ⅰ. G259.297
中国国家版本馆CIP数据核字第2024EQ1287号

发 行 人：毕　胜
责任编辑：肖海鸥
特约策划：宋希於
特约编辑：宋希於
封面设计：左　旋
封面题签：陆　灏
内文制作：左　旋　常　亭

书　　名：西书东藏：中国文化名家的外文藏书
作　　者：刘　铮
出　　版：上海世纪出版集团　上海文艺出版社
地　　址：上海市闵行区号景路159弄A座2楼 201101
发　　行：上海文艺出版社发行中心
　　　　　上海市闵行区号景路159弄A座2楼206室 201101 www.ewen.co
印　　刷：苏州市越洋印刷有限公司
开　　本：1092×889 1/32
印　　张：9.625
插　　页：2
字　　数：166,000
印　　次：2024年8月第1版 2024年8月第1次印刷
Ｉ Ｓ Ｂ Ｎ：978-7-5321-9078-2/G.407
定　　价：88.00元
告 读 者：如发现本书有质量问题请与印刷厂质量科联系　T: 0512-68180628